suhrkamp taschenbuch 898

Herbert Achternbusch, 1938 in München geboren, lebt in Buchendorf. Veröffentlichungen: *1969, Die Alexanderschlacht, Die Atlantikschwimmer, Es ist ein leichtes beim Gehen den Boden zu berühren, Das Haus am Nil, Die Olympiasiegerin, Revolten.*

Eine Filmgeschichte namens *Der Depp* ist in Gefahr, ihr Thema intellektuell herauszuputzen. Andererseits besteht die Gefahr, daß sich der Film in bayerischen Blödeleien verbraucht. Eines ist klar: das Thema muß die Gestaltung durchdringen. Das bayerische »Depp« kommt von »tappen«, einem Ausdruck der Hilflosigkeit und des Suchens und – im Film – des Findens, des Herausfindens. Wurde der Held im Hofbräuhaus grundlos zusammengeschlagen? Die Protagonisten der Geschichte suchen sich ihre Begründungen und finden immer wieder an veränderten Begründungen Spaß und Notwendigkeit. Aber kann eineinhalb Stündchen Film in den Weltwirrwarr Logik bringen? Jedenfalls entspricht jedem schriftlichen Absatz eine filmische Einstellung.

Herbert Achternbusch

Der Depp

Filmbuch

Suhrkamp

Umschlagbild aus dem Film *Der Depp*

suhrkamp taschenbuch 898
Erste Auflage 1983

Satz: Philipp Hümmer, Waldbüttelbrunn
Druck: Nomos Verlagsgesellschaft, Baden-Baden
Printed in Germany
Umschlag nach Entwürfen von
Willy Fleckhaus und Rolf Staudt

1 2 3 4 5 6 – 88 87 86 85 84 83

Inhalt

Der Depp
Szenen aus dem Film

Fotos: Gunter Freyse

An einem Sonntag genießen Franz und Gabi die letzten Sonnenstrahlen.

Getrennt sitzen der Depp
und seine Frau.
Ein Polizist verbindet die Paare.

Gabi ist gewohnt,
tot spielen zu müssen.

Franz schickt den Polizisten um einen Unterhaltungsstoff weg.

Der Polizist holt des Deppen erstes
Wort nach Jahrzehnten: Atemnot.

Erlöst nimmt Franz dieses Wort an.

Der Depp ist ein Landschaftsmaler. Am Montag ist er gewöhnlich ein Himmelmaler.

Aber an diesem Montag malt er Maßkrüge. Und in die Maßkrüge malt er einen Kopf. Er aber hat in seinem Kopf einen Maßkrug.

Am Dienstag ist der Depp ein Berggipfelmaler, am Mittwoch ein Wäldermaler, ein Wiesenmaler am Donnerstag und am Freitag ein Flußmaler. Die kleinen Mahlzeiten krönt er mit einem hölzernen Fisch.

Der Fisch ist seine Wirklichkeit.

Seine Frau ist eine der Wände um ihn.

Sie führt ihn in »seinen« Schuppen.

In »sein« Bett. Sie ist mißgestimmt, wenn er seine Bilder malt.

Und wohlgelaunt ist sie, wenn der Depp »ihre« Bilder malt, die sich in Franzens und Gabis Wirtschaft verkaufen lassen.

»Zur Atemnot«, das Geschäft floriert. Dem Polizisten werden Schnäpse serviert, bis er Atemnot schreit, was die Gäste so erfreut, daß ein jeder mitschreit. Bald ist es soweit. Der Depp als Gaul hälts Maul.

Die Anziehungskraft der Bilder zu gewährleisten,
hat sich des Deppen Frau schön angezogen,
was Aufmerksamkeit schafft. Auch Franz ist baff.

Alle begaffen die Frau. Gabi kann die Bilder nicht verkaufen. Der Polizist kann nicht mehr saufen, er will schlafen. Die Frau führt den Verkauf.

Der Polizist kann nicht mehr.

Was erworben, zeigt man her. Die Landschaft Atemnot.

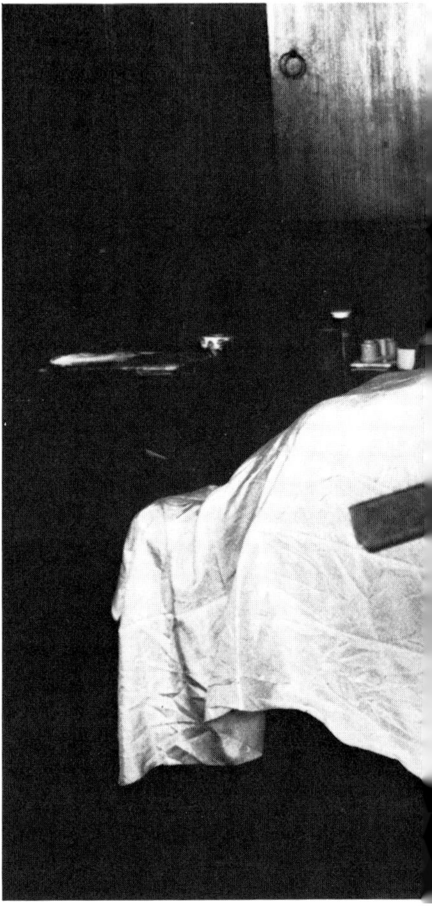

Und in Atemnot ist er verstorben.

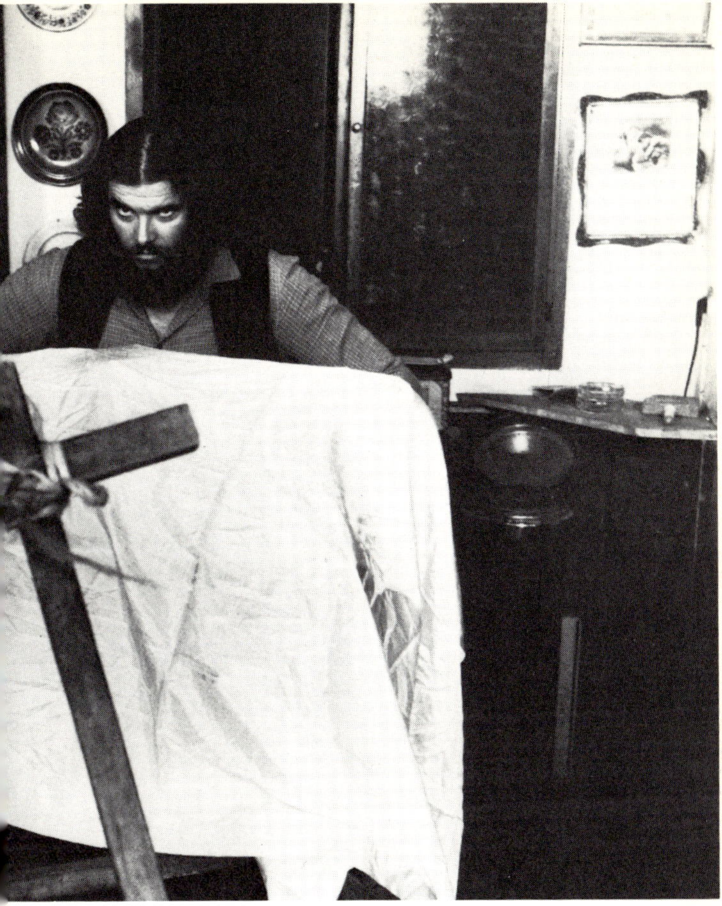

In das hat sich der Depp verliebt, was er zu Hause flieht, in seine Frau. Er erwartet sie vor dem Garten der Atemnot.

Auch Gabi wartet.

Glücklich darüber, daß sie ihr Mann liebt, ist sie unglücklich, daß er sie nicht kennt, eine Fremde in ihr sieht.

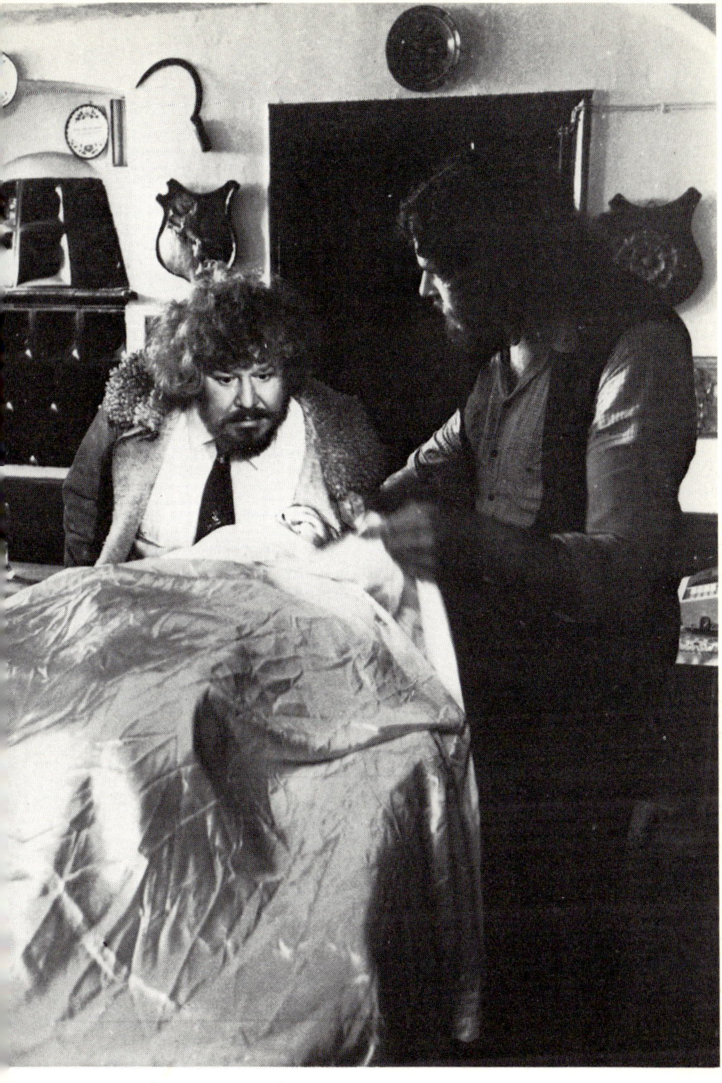

Ein Fremder ist von dem Toten entsetzt.

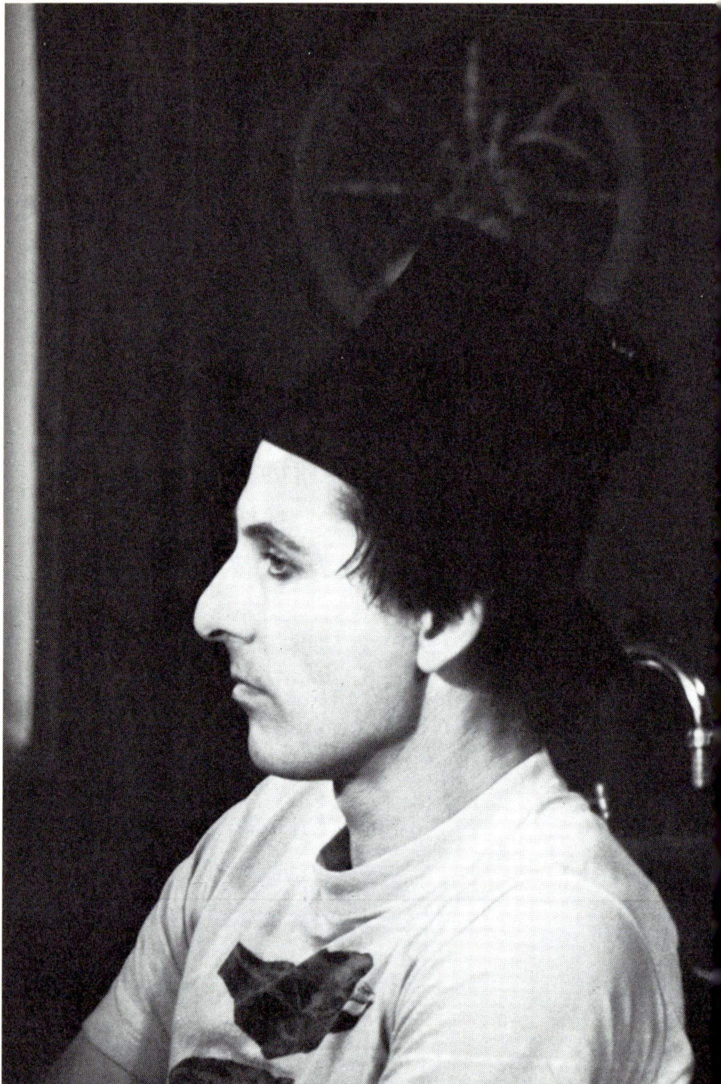

Der Depp, Gabi hat ihn geliebt.

Franz hat die Frau des Deppen geliebt und wollte ihm deswegen im Hofbräuhaus genausowenig einen Maßkrug hinaufgehaut haben wie jetzt dem Fremden den Stuhl.

Genau so!

Ein Wort gibt das andere.
Auf Gesicht folgt Arsch
und auf Kopf Ast.

Sobald sich die Frau in Erinnerungen ergeht, an diese
Pinie soll er sich erinnern, und ähnlichen Kram,
an 2 Kinder, da geht er.

Als Gabi möchte, daß er sie berührt, würgt er sie.

Allein probiert er Wein um Wein.

Was käme da zur Tür herein ...

Sie will er allein!

. . .

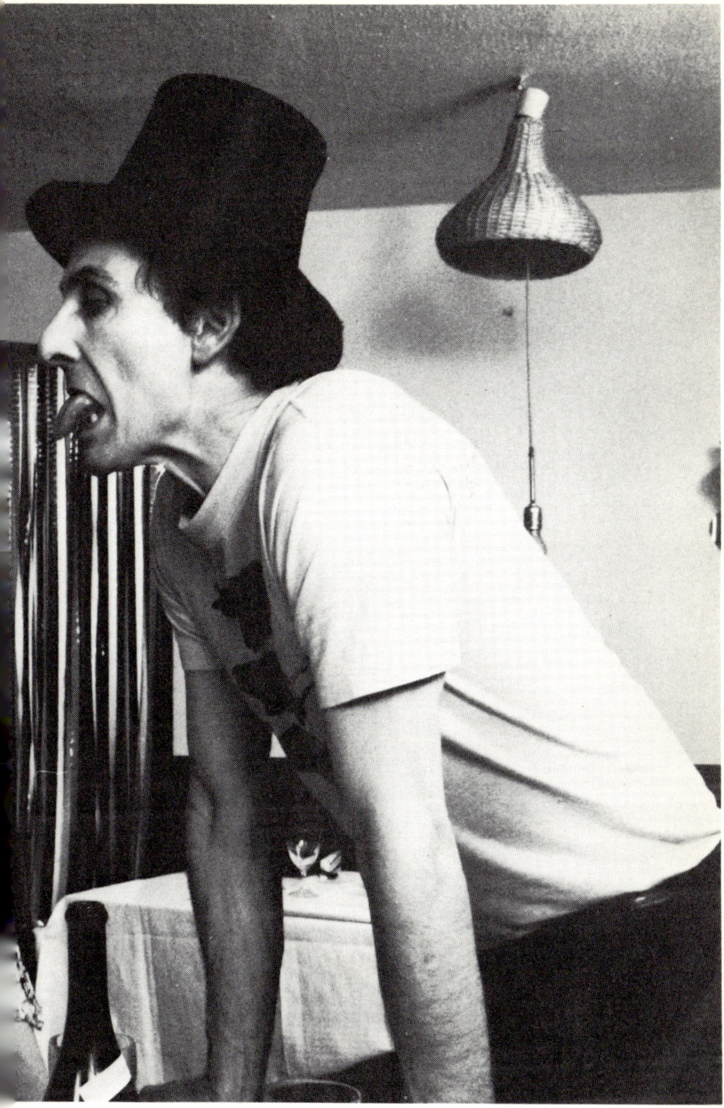

Am Tisch leerer Teller und der Fisch.

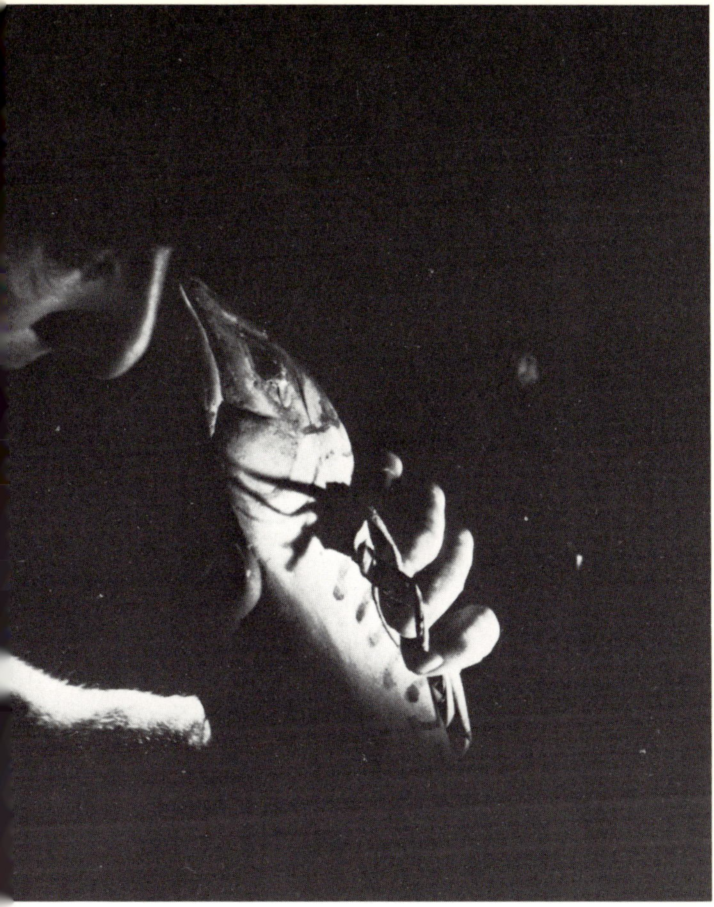

Die Frau malt für ihre Kinder.

Die Kinder tanzen für den Vater.

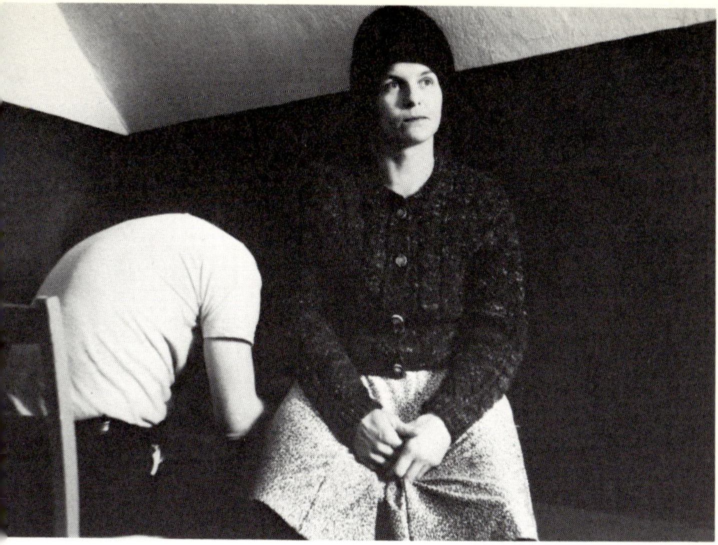

Der Depp hockt hinter einem Gatter.

Champagner soll er besorgen,
Zyankali will sie sich borgen.

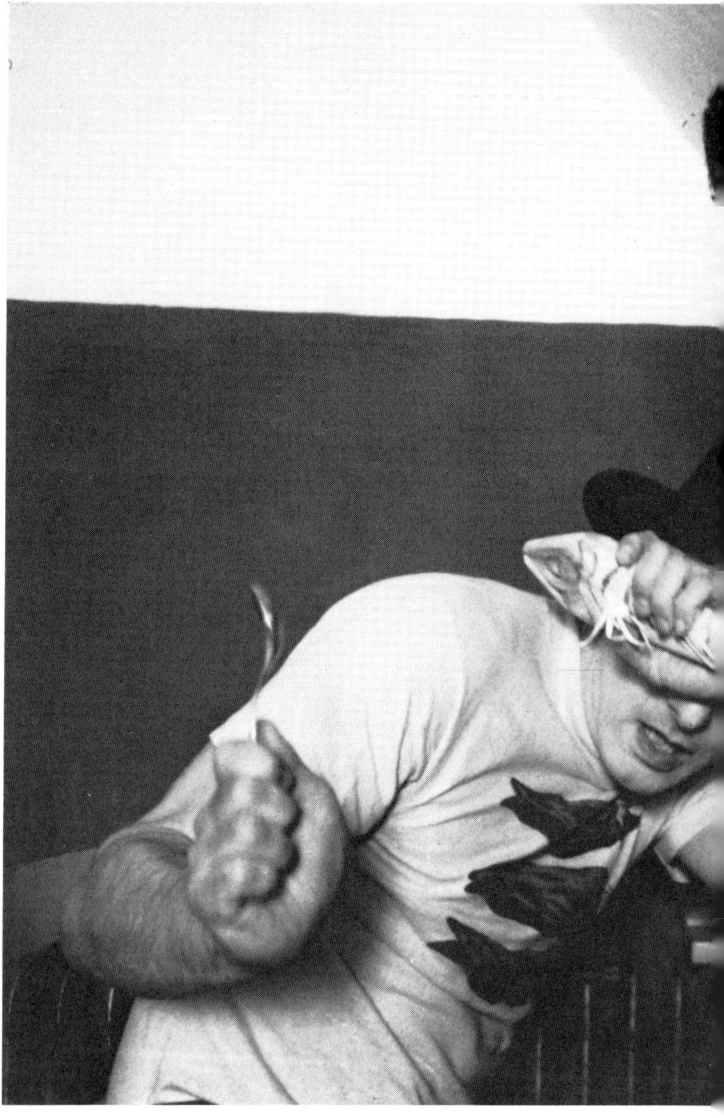

Die Frau spielt mit.

Die Frau spielt gut.

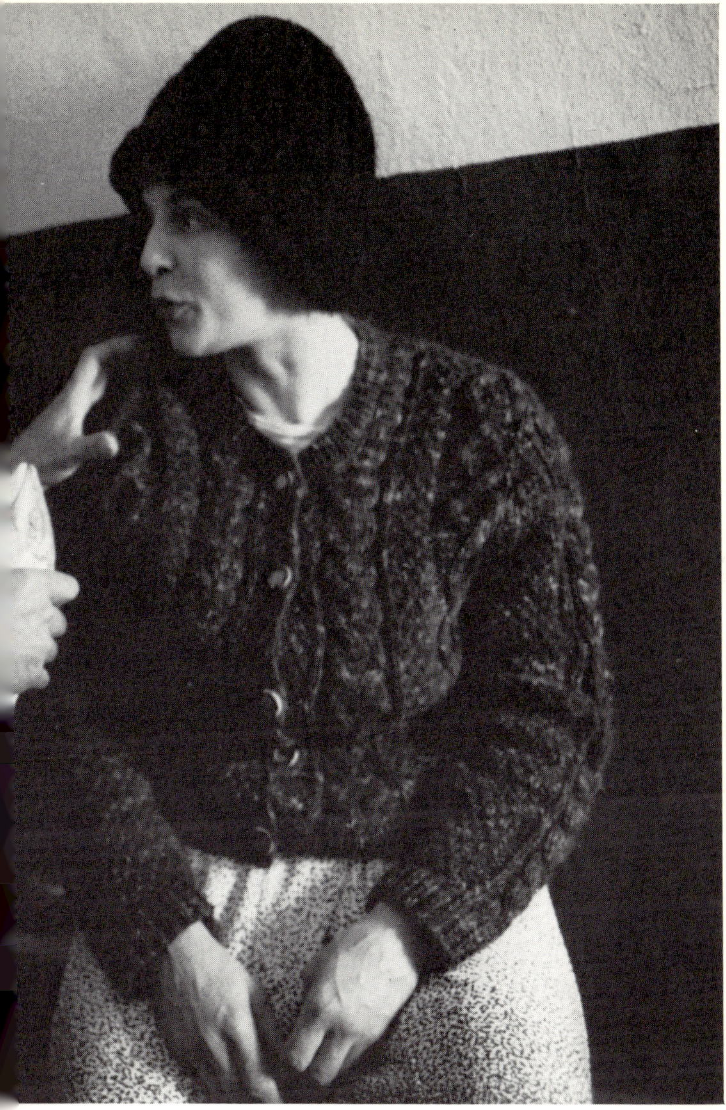

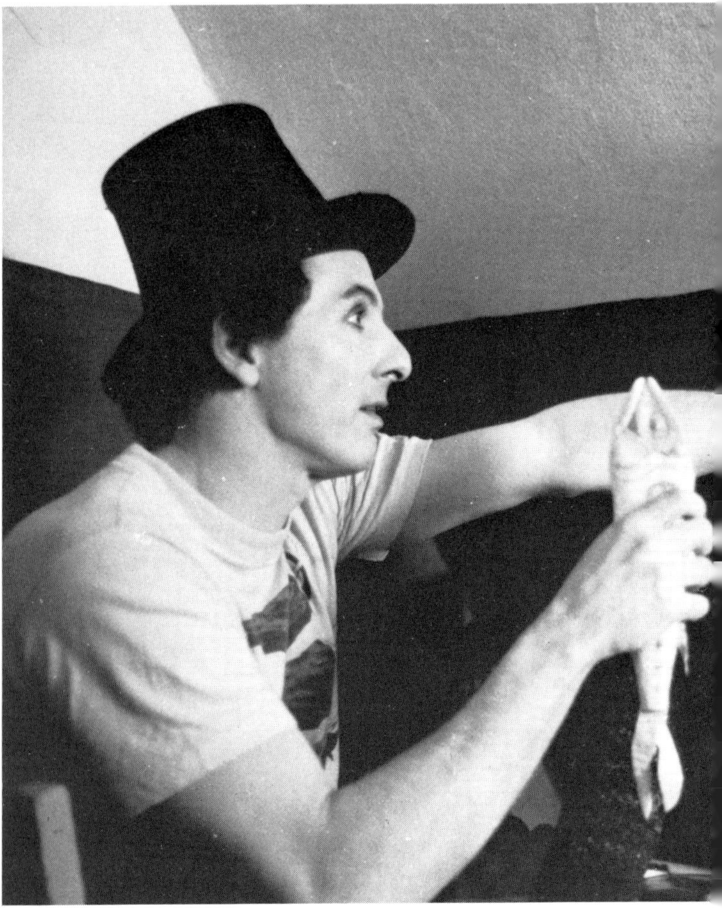

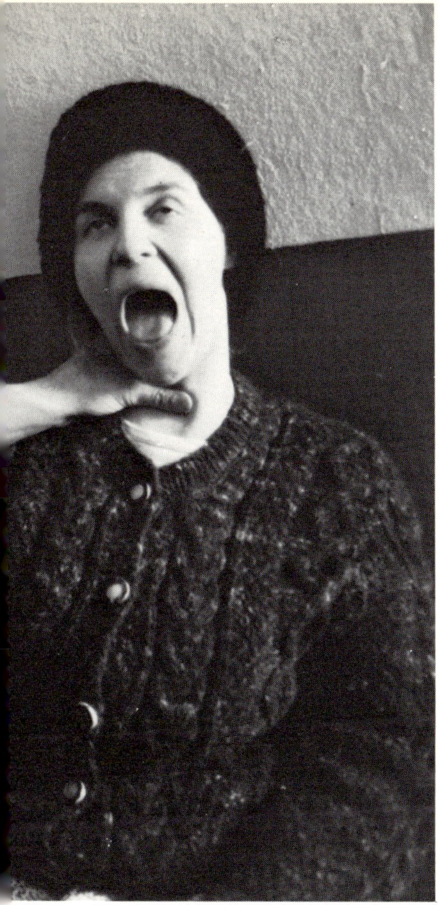

Er zeigt ihr den Fisch.

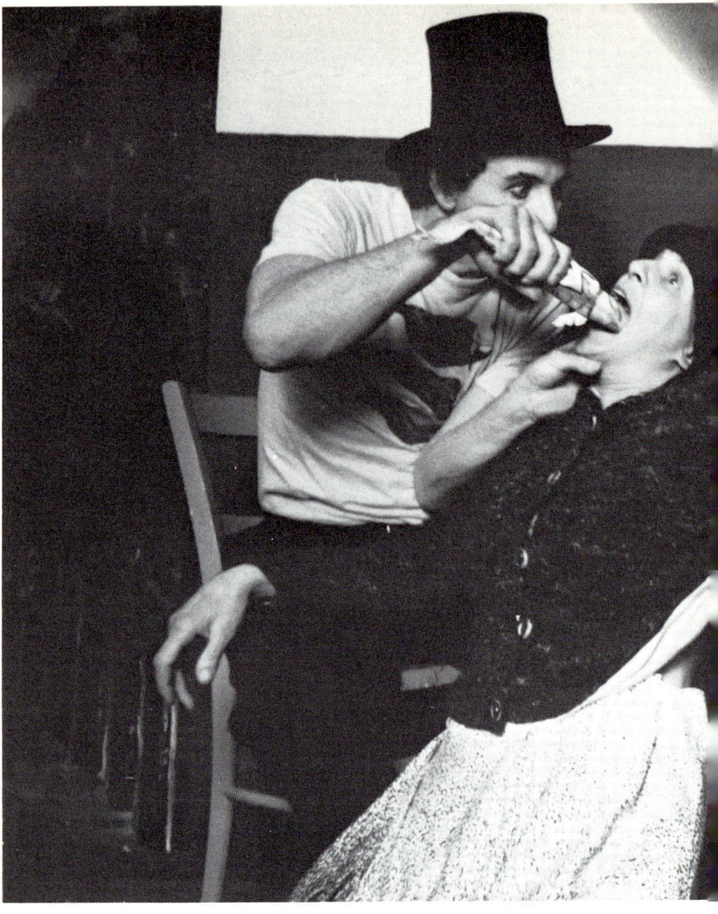

Trug und Lug.

Fehlt Geld.

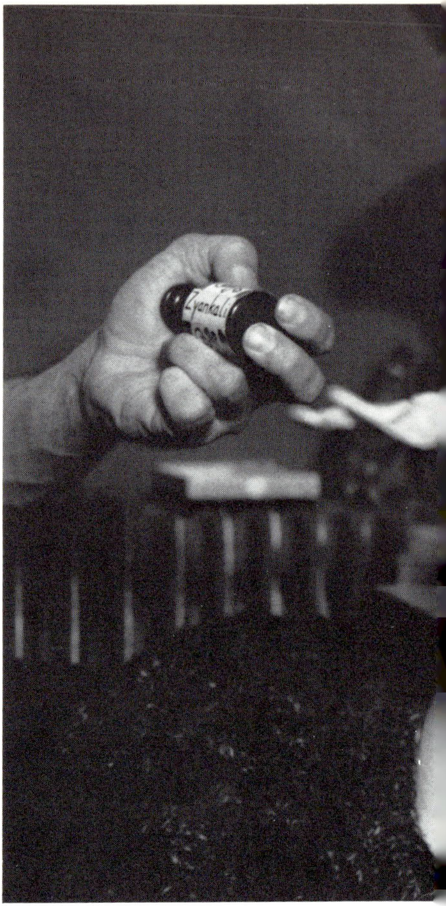

Zyankali wollte sie besorgen.
Geld wird sie sich borgen.

Der Tisch ist reserviert. Daß Mörder nie friert?

Gabi ist vereist.

Der Depp ist verwaist.

MNOT

Nichts geht, was der Depp hegt. Er ist nicht schlau, hat kein Geld und keine Frau. Man wirft ihn aus dem Garten, mit seinem Gift.

Im Hofbräuhaus schlagen sich die Leute lachend mit Maßkrügen zusammen.

Der Depp schüttet sein Gift in sein Bier, das ihm aber dieser Nachbar nimmt und trinkt.

Der Depp

Am Sonntag

Irgendwo im Freien sitzen Franz und Gabi. FRANZ Das Sitzen hab ich dick. – Gabi sagt nichts. FRANZ Immer diese Sitzerei! GABI Dann leg dich halt hin! FRANZ Dann leg dich halt hin! Sonst fällt dir nichts ein. Hinlegen! Ich leg mich nicht hin! GABI Dann geh halt ein wenig rum! FRANZ Ein wenig rumgehen! Wenn ich geh, dann geh ich nicht ein wenig, dann geh ich stundenlang! GABI Das ist mir zu viel. FRANZ Freilich ist dir das zu viel. Dir ist alles zu viel! GABI Nicht alles. FRANZ Alles! GABI Nein, alles nicht. Jetzt sitzen wir schon seit 5 Minuten, ist das nichts? FRANZ Doch, allerhand ist das: 5 Minuten sitzen! Stehen wir jetzt auf? GABI Wart noch ein wenig. Zerstör den Augenblick nicht gleich! FRANZ Was für einen Augenblick? GABI Daß die Sonne scheint. – Gabi legt sich zurück, so daß sie ab ihren Knien nicht mehr zu sehen ist. FRANZ Die Sonne scheint immer. GABI Aber nicht für mich. FRANZ Für mich schon. Für mich scheint immer die Sonne. GABI Du hättest Arzt werden sollen. So ein Chirurg, der die Leichen aufschneidet. FRANZ Die Leichen schneidet ein Anatom auf. Anatom heißt der. Wenn ich dich jetzt aufschneide, dann bin ich ein Chirurg, wenn ich dich dann aufschneide, dann bin ich ein Anatom. GABI Du tätst mich schon aufschneiden. FRANZ Warum nicht? Du könntest mich ja auch aufschneiden. – Gabi kommt wieder hoch. GABI Du spinnst ja. Ich könnte nicht einmal das Leichentuch von dir wegziehen, geschweige deinen Bauch aufschneiden. FRANZ Können tätst du es schon, aber dürfen darfst du es nicht. GABI Das Leichentuch dürfte ich wegziehen. FRANZ Ja und dann? GABI Ich zieh dir dein Leichentuch nicht weg. FRANZ Weil du nicht darfst.

GABI Das mag schon sein. FRANZ Eben! – Ein Polizist taucht hinter den beiden auf. POLIZIST Die zwei da unten, gehören die zu euch? FRANZ Was für zwei? POLIZIST Die Frau mit dem Mann mit dem schwarzen Zylinder. FRANZ Was heißt da schwarzer Zylinder, der ist schon mit dem Zylinder auf die Welt gekommen. Du bist ja auch auf die Welt gekommen, so wie du bist, mit deiner Uniform. POLIZIST So so. – Der Polizist ist zwergwüchsig.

Vor einem Gewässer sitzen der Depp, mit Zylinder, und seine Frau. FRAU Der Kuchen bröckelt so. Aber du ißt eh keinen Kuchen. Der Franz setzt sich überhaupt nicht mehr her zu uns. Seit du behauptet hast, daß der Rhein in Schaffhausen entspringt. Das kann er nicht hören. Wie lange ist das schon her? Das war vor deinem Unfall. Ich habe die Tage nicht gezählt. Daß der Kuchen so bröckelt? Bröckelt euer Kuchen auch so? – Diese Frage ruft die Frau und von ferne ist Gabis Stimme zu hören: Wir essen keinen Kuchen . . . FRAU Laß doch den Staub in Ruh! Wenn das jemand sieht, daß du in den Staub zeichnest! Was zeichnest du denn? Ach, einen Maßkrug. Jaja. Aber der Maßkrug im Staub läßt sich nicht verkaufen. Da hast du ein Stück Papier. Er zeichnet wieder! – Diese Feststellung ruft sie laut. GABI von ferne: Bestimmt wieder den Maßkrug, den sie ihm hinaufgehaut haben. FRAU Das macht nichts. Jetzt hast du halt nur noch einen Maßkrug im Hirn. Das ist ja klar, was einem kaputt macht, das hat man im Hirn. Der Franz hat den Rhein im Hirn, weil er auf dem Rhein einmal eine Fischvergiftung gehabt hat. Die Gabi hat nichts im Kopf, weil sie noch nichts Derartiges erlebt hat. Und ich? – Der Polizist kommt zu ihnen. FRAU Und ich – POLIZIST Sind Ihnen die beiden Individuen auf dem Hügel dort oben bekannt? FRAU Das sind keine Individuen. Das sind meine Schwester Gabi und mein Schwager Franz. POLIZIST Und er? FRAU Was »Und er«? POLIZIST Was macht er? FRAU Er denkt nach. POLIZIST Nachdenken? Worüber kann man nachdenken? FRAU Ich weiß nicht, worüber man nachdenken kann. Ich weiß nur, daß er über einen Maßkrug nachdenkt. POLIZIST Ist das erlaubt? Haben Sie eine Erlaubnis? FRAU Sie meinen, ob ich einen Beweis habe? POLIZIST Ja, das meine ich. FRAU Ich habe einen Beweis. POLIZIST Gut, dann ist es auch erlaubt. – Der Depp macht mit den Händen das Zeichen von Verhaftung. POLIZIST Was will er? Will er mich verhaften? Oder will er gar verhaftet werden? FRAU Er will, daß Sie verhaften. POLIZIST Was macht er jetzt? FRAU Er zeichnet einen Maßkrug in den Staub. POLIZIST Hat er Durst? FRAU Nein. Er denkt. POLIZIST Was denkt er? FRAU Einen Maßkrug denkt er. POLIZIST Dann hat er doch Durst! FRAU Nein. Er hat keinen Durst. POLIZIST Woher wissen Sie das? FRAU Weil er seit seinem Unfall kein Bier und keinen Alkohol mehr trinken darf. POLIZIST Unfall! Sie verschweigen einfach einen Unfall. FRAU Hat euch dieser Polizist auch so blöde gefragt? – Diese Frage ist an die entfernt Sitzenden gerichtet.

Gabi ruft zurück. GABI Genau so blöd! FRANZ Das weißt du doch nicht! GABI Das kann ich mir doch denken. Es geht doch jeden Sonntag um das Gleiche. Die haben doch nichts im Kopf als diesen verhängnisvollen Maßkrug. FRANZ Er hat ihn im Kopf. Nur er! GABI Ja. Er hat ihn wirklich im Kopf. Aber sie redet immer von seinem Maßkrug, den er im Kopf hat. Also hat sie ihn auch im Kopf. FRANZ Ja, aber er hat ihn wirklich drinnen. Den ganzen

Maßkrug, nur den Henkel nicht. Weil den Henkel hat der Zuschläger noch in der Hand gehabt. Aber der Maßkrug war weg. Voll in dem Deppen seinem Kopf drinnen. Wenn sie ihn herausgetan hätten, wäre er gestorben. So haben sie über den Maßkrug eine silberne Schädeldecke getan, und er lebt. GABI Das stellst du dir auch nur so vor seit deiner Fischvergiftung. Seit deiner Fischvergiftung kannst du nur noch einen Schmarren reden. FRANZ Aber es ist so, wie ich es sage. GABI Das stimmt schon, was du sagst. Dann ist es eben ein Schmarren, daß er den Maßkrug im Kopf haben muß. FRANZ Ohne den Maßkrug wäre er schon längst tot. Der Schmarren in seinem Kopf läßt ihn am Leben. GABI Dann ist eben das Leben ein Schmarren. FRANZ Jetzt hast du es gesagt. GABI Dann ist es auch gleichgültig, wo der Rhein entspringt. FRANZ Das ist vollkommen gleichgültig, wo der Rhein entspringt. Die Hauptsache ist, daß er nicht in Schaffhausen entspringt. Und das hat er behauptet! Und darum setz ich mich zu dem Deppen nie wieder hin. – Der Polizist kommt. POLIZIST Die Frau neben dem Zylinder hat behauptet, daß sie mit Ihnen verwandt sei. FRANZ Mit mir nicht. GABI Aber mit mir schon. POLIZIST In welchem Verwandtschaftsgrad stehen Sie? GABI Wie meinen Sie das? POLIZIST Ich meine, sind Sie der Mann dieser Frau oder ihre Tochter oder ihre Mutter. Denn für den Großvater sind Sie zu alt. FRANZ Was heißt da alt? Sehen Sie denn nicht, daß sie nicht alt ist? POLIZIST Wer »sie«? FRANZ Die neben mir. POLIZIST! Name! FRANZ Namen spielen dabei keine Rolle! Bei der ganzen Geschichte spielt nur ein Maßkrug eine Rolle. GABI Ja, seit das mit dem Maßkrug passiert ist, ist alles ganz anders. Es ist so, so – ich weiß auch nicht, wie ich sagen soll. Jedenfalls ist es bei ihm genauso anders seit der Fischvergiftung. Es gibt eben einschlägige Erlebnisse im Leben, die alles verändern. FRANZ Gibt es bei Ihnen nicht so einen Einschlag, nach dem auf einen Schlag alles anders war? GABI Das siehst du ihm doch an, da brauchst doch nicht zu fragen. FRANZ Ich frag immer lieber, bevor es einen Ärger gibt. Nur einmal habe ich nicht gefragt und dann habe ich die Fischvergiftung gehabt. Statt, daß ich gefragt hätte: Ist der Fisch vergiftet, statt dieser Frage habe ich den vergifteten Fisch gegessen. Weil wir gerade dabei sind: wissen Sie, wo der Rhein entspringt? POLIZIST Nein. FRANZ Wissen Sie das ganz genau, daß Sie das nicht wissen? POLIZIST Ja. FRANZ Bin ich froh! Und jetzt gehen Sie zu den zweien hinüber, und sagen Sie ihnen, daß wir gehen wollen. GABI Laß uns doch die letzten Sonnenstrahlen noch genießen. Zu schnell kommt das Totentuch der Nacht. POLIZIST Machen Sie mir doch nicht Angst. FRANZ Aber das stimmt: wenn sie tot ist, dann schneide ich ihr den Bauch auf. GABI Aber nur, weil er ein Anatom ist. FRANZ Das ist klar. Denn als Arzt schneide ich dir den Bauch nur bei lebendigem Leib auf. Hast du Bauchschmerzen? GABI Ja. FRANZ Haben Sie ein weißes Tuch? POLIZIST Ja. GABI Ich leb doch noch. FRANZ Aber nicht mehr lang. GABI Stimmt, es geht dahin. POLIZIST Operieren Sie doch, bevor die Frau stirbt! FRANZ Das darf ich nicht. Ich bin ein Anatom und kein Chirurg. POLIZIST Sie rührt sich nicht mehr. FRANZ Sie ist tot. – Er deckt Gabi bis auf den Kopf mit der weißen Decke zu. POLIZIST Dann fangen Sie doch an! FRANZ Ist sie nicht schön? Ist sie nicht wunderschön? POLIZIST Operieren Sie doch! Operieren Sie! FRANZ Sezieren! Sezieren! Ja, die Sezierung steht bevor. Aber noch ist sie zu schön. Viel zu schön. – Ratlos steht der Polizist zu Füßen der toten Gabi. Hinter ihnen ist das Land nicht greifbar, weil sie auf einem Hügel sind. Im Vordergrund der dunkle Rückenklumpen von Franz, hoch sein Profil im Abendhimmel. FRANZ Im Tod ist sie besonders schön. POLIZIST Ihr Kopf sagt immer das Gleiche. Wie können Sie im Angesicht dieser Schönheit so gleichgültig sein? FRANZ Ich bin nicht gleichgültig. Ich verharre nur in diesem Augenblick ihrer größten Schönheit. POLIZIST Sind Sie doch still! FRANZ Ich rede! Reden wir doch zu zweit! POLIZIST Was denn?! FRANZ Frag doch die andern zwei, was die reden, vielleicht hilft uns das weiter. Sie mußt aber fragen, weil er sagt nichts.

Der Depp und seine Frau hocken noch am dunklen Wasser. Sie macht die Haare auf und er lacht. FRAU Was lachst du! Jeden Sonntag um diese Zeit lachst du! Ich habe die Arbeit und den Spott. Ich habe die Mühe, und du lachst mich aus. – Sie weint. Je mehr er lacht, desto mehr weint sie. Er bekommt keine Luft mehr, ringt nach Atem und stößt dazwischen das Wort »Atemnot« hervor. Sie sagt es auch. Der Polizist kommt, hört zu und geht wieder.

Franz und Gabi. GABI Wie lange dauert es noch? FRANZ Laß dir noch Zeit. Gleich habe ich es. Ich brauch nur noch ein wenig das Totentuch anzustarren, dann komm ich darauf. GABI Mich friert schon ein wenig. FRANZ Dich friert es ein wenig, aber mich friert es durch und durch! Durch und durch! Ich bin tot und du lebst! Halt dich still, der Polizist kommt wieder! – Der Polizist schnauft und keucht das Wort »Atemnot«. FRANZ Atemnot! Das ist das erlösende Wort! Atemnot! Jetzt weiß ich es! GABI Kann ich jetzt aufstehen? – Gespenstisch erhebt sie sich. Der Polizist keucht weiter. FRANZ Das ist es! – Gabi fröstelt und fängt zu husten an, hustet und bringt ebenfalls nur noch das Wort Atemnot heraus. FRANZ Ich habe gewußt, daß es so einfach sein muß. Nahrungssuche, habe ich mir gedacht, könnte es sein. Aber Nahrungssuche war es nicht, sondern Atemnot. Augenschein, habe ich mir gedacht, Augenschein kommt vielleicht in Frage. Aber Augenschein konnte es auch nicht sein. Nur Atemnot. Das ist doch so einfach: Ich war auf der Nahrungssuche und bestellte mir einen Fisch. Dem Augenschein nach war der Fisch in Ordnung. Und dann kam die Atemnot. Atemnot! Da denk ich nicht nur mit meinem Kopf. Da denke ich mit der ganzen Welt. Atemnot, brüllt Franz in den Abend. Atemnot – Atemnot – Atemnot – – Während der ganzen Sequenz ist Gefechtslärm zu hören.

An Werktagen

In einem winzigen Atelier stehen 7 Staffeleien nebeneinander, darauf 7 Leinwände, von hinten gesehen. Der Depp macht auf jeder Leinwand die gleiche Malbewegung. Im Vordergrund sieht man in einem Fernseher eine menschenleere Landschaft von Grönland. Seine Frau kommt mit einem Essen. Stumm sitzt der Maler an dem kleinen Tisch, auf dem sie den Teller mit Reis abgestellt hat. Er legt einen hölzernen Fisch auf den Reis und ißt letzteren.

Die Frau sieht sich die Leinwände an: in den oberen Hälften ist jeweils ein Maßkrug gezeichnet.

Miesgrämig setzt sich die Frau auf den Tisch, vom Maler ab, uns zugewandt. FRAU Heute ist Montag. Montag. Montag heißt Himmel. Himmel. Gestern war Sonntag. Sonntag. Sonntag heißt Maßkrug. Der Sonntag ist ein Maßkrug. Aber der Montag ist ein Himmel. Himmel. Der

Himmel ist blaß und hat Wolken. Der Himmel ist ein Leichentuch mit grauen Falten. Der Himmel ist ein Eisberg mit Schmutz.
Man sieht den Eisberg. FRAU Der Himmel ist das Leichentuch, unter dem man leben muß.
Der Depp hat den Reis gegessen, schleckt den Fisch ab und legt ihn zu anderen künstlichen Speisen zurück. FRAU Der Montag ist der Reistag. Der Montag ist der Fischtag. Der Montag ist der Himmeltag. – Es läutet ein Telefon.
Im Fernseher ist Gabis Kopf zu sehen. Die Frau des Deppen nimmt den Hörer von dem Telefon auf dem Fernseher ab. GABI Du stell dir vor: der Franz ist wieder normal! FRAU Das gibt es nicht! GABI Doch! Wenn ich es dir sage! Das Wort »Atemnot« hat ihn wieder völlig normal gemacht! FRAU Ich versteh dich so schlecht. Hörst du nicht das Pochen in der Leitung? GABI Ja, ich hör es auch, da muß ein Herzpochen in der Leitung sein. Ich ruf dich morgen wieder an. – Sie verschwindet. Das Herzpochen bleibt.
In jeden Maßkrug malt der Depp einen Totenkopf. FRAU/STIMME Du Depp! Geh ins Bett! Sei so nett!
Sie führt ihn über einen Hof in einen Schuppen.
Im Schuppen steht neben Gerümpel ein Bett. Der Maler legt sich ins Bett. Sie deckt ihn zu. FRAU Nimm deinen Pimmel! Und schlaf deinen Maßkrug aus! Ich mal die Himmel. Ich geh zurück ins Haus. – Sie geht. In dem gespenstischen Schuppen hört man den Deppen flüstern: Atemnot – Atemnot – Atemnot –
Die Frau sperrt den Schuppen ab und horcht: Atemnot – Atemnot – FRAU Atemnot. Bei ihm hilft es nichts. Er ist und bleibt ein Depp. Möchte sein von ihm erlöst.

Der Depp steht wieder hinter den 7 Leinwänden auf den 7 Staffeleien und malt mit gleichen Bewegungen. Im Fernseher laufen eingesperrte Affen. Seine Frau kommt mit Kartoffeln. Sie sieht sich die Leinwände an: unter gleichgemalten Himmeln sind gleichgemalte Berggipfel.
Der Depp beugt sich zu seinem Gericht, zu dem er wieder den Fisch gelegt hat. Telefon.
Nur die Affen. GABI/STIMME Bist du da? Weil ich dich nicht seh? FRAU/STIMME Ich seh dich auch nicht, aber versteh dich gut. Was ist? GABI/STIMME Der Franz ist ganz happy, weil er wieder normal ist. Keine Spur mehr von einem Anatom. Wenn ich sage, vorgestern bin ich noch unterm Leichentuch gelegen, wegen deiner Anormalität, sagt er glatt, du spinnst. Stell dir vor, er bedient jetzt wieder in der Wirtschaft, als wenn nichts gewesen wär. Der kleine Polizist hockt den ganzen Tag in der Wirtschaft und muß ununterbrochen trinken. Weil ihm der Franz so dankbar ist für das Wort »Atemnot«, das ihn von seinen Zwangsvorstellungen erlöst hat. Der Polizist hat schon heut vormittag seine Uniform angespien, dabei hat er wieder Atemnot gesagt, da hat der Franz gelacht, wie ich ihn noch nie lachen hab gehört. Du, und der Depp, malt er wieder? Heut ist doch Dienstag, der Tag der Kartoffeln und der Berggipfel, nicht wahr? FRAU/STIMME Jaja. Die Himmel hab ich gestern noch gemalt, dann war der Montag vorbei. Heute hab ich mich zusammenreißen müssen, denn, habe ich gedacht, wenn er wieder malt Maßkrüge statt Berggipfel, muß ich ihn verprügeln. Aber es ist alles gut gelaufen. Nur den Fisch hat er wieder auf die Kartoffeln gelegt. Und der Fisch gehört doch auf den Reis. Aber soll er meinetwegen den Fisch legen auf Reis, ist Künstler-

freiheit, aber das Wort Atemnot ist von ihm, da streit ich nicht! – Hängt ein.
Die Frau führt ihren Mann in den Schuppen.
Ins Bett. Tänzelt vor ihm. FRAU Heute kannst du sehen meine Füße. Morgen kannst du sehen meinen Po. Und übermorgen zeig ich dir das Loch, ich hab es noch.
Sie sperrt den Schuppen ab. FRAU Er hat den Maßkrug vergessen und damit das Wort Atemnot. Aber das Wort ist von ihm. Er ist der Autor des Wortes Atemnot. Also hat er auch Autorenrechte auf dieses Wort. Und Rechte kosten Geld!
Der Depp steht wieder hinter den 7 Leinwänden auf den 7 Staffeleien und malt mit gleichen Bewegungen. Im Fernseher laufen Elefanten in einem Fluß. Seine Frau kommt mit Nudeln.
Alle Bilder sind jetzt mit einem Himmel- und einem Gipfel- und einem Waldgürtel versehen.
Der Depp beugt sich über sein Nudelgericht, zu dem er wieder den Fisch legt. Telefon. Die Elefanten. GABI/STIMME Verstehst du mich? Ich seh dich nämlich wieder nicht. Laß doch deinen Apparat richten! Gestern warst unverschämt! Ich kann doch nicht wissen, daß das Wort von deinem Deppen ist. Ein Wort, ist das so wichtig? FRAU/STIMME Du weißt genau, wie wichtig das Wort ist. Ohne das Wort »Atemnot« wäre dein Franz fast der gleiche Depp wie mein Mann! GABI/STIMME Ja. Laß dir erzählen: der kleine Polizist in unserem Lokal ist die Sensation. 120 Essen haben wir gestern verkauft. Wenn er besoffen ist, sagt er nur »Atemnot«. Dann hebt ihn der Franz auf einen Tisch, und alle lachen. Kommt doch zum Essen, ich lade euch ein, wenn das Wort schon von deinem Mann

ist. »Zur Atemnot« möchte der Franz jetzt das Lokal umtaufen. Aber das geht doch nicht, oder? Würdest du für das Wort was verlangen? FRAU/STIMME Ich überleg es mir. – Hängt ein. FRAU/STIMME Bin ich froh, daß ich ihr Gesicht nicht sehen hab müssen!
Der Depp liegt in seinem Bett und die Frau zeigt ihm den Rücken. FRAU Heute kannst du sehen meinen Po. Und morgen zeig ich dir das Loch. Ich hab es noch. Und übermorgen kriegst du Bier. Das zahl ich dir!
Der Depp steht wieder hinter den 7 Leinwänden auf den 7 Staffeleien und malt mit gleichen Bewegungen. Im Fernseher läuft ein Polizist auf dem Oktoberfest. Seine Frau kommt mit Sauerkraut.
Zu allen Gürteln haben die Bilder einen Wiesengürtel bekommen.
Der Depp beugt sich zum Sauerkraut und zum Fisch. Telefon.
Der Polizist wird im Bierzelt malträtiert. GABI/STIMME Wie geht es dir meine liebste Schwester? FRAU/STIMME Na, dir geht es gut – GABI/STIMME Glänzend! Der Polizist wurde zwar von seinem Dienst suspendiert, aber das Lokal heißt jetzt »Zur Atemnot«. Wir haben so viele Gäste, daß ich nur noch einfache Gerichte machen kann. Reis, Nudeln und Kartoffeln. Einfach wie bei euch. FRAU/STIMME So – GABI/STIMME Die Hauptsache lege ich dazu: Fleisch, Fisch, Käse sind aus Holz. So wie bei euch. FRAU/STIMME So! GABI/STIMME Was ißt er denn heute, dein Depp? Heute ist doch das Sauerkraut dran? Das Sauerkraut mit dem Schokoladenherz, nicht wahr, das gehört doch zusammen wie die Wiesen und die Donnerstage, oder? FRAU/STIMME No, weißt du alles genau. Es gibt

nur eine Neuigkeit: er ißt das Sauerkraut mit Fisch. Ich kann ihm nicht zusehen, sonst kommt mir das Kotzen. GABI/STIMME Alles nur mit Fisch. Das merk ich mir, denn wenn der Gästeandrang weiter zunimmt, muß ich meine Küche weiterhin vereinfachen ... Ja, du, wenn der Polizist, der jetzt ja keiner mehr ist, Atemnot keucht, dann hebt ihn der Franz auf den Tisch und dann keucht das ganze Lokal mit ihm nur das eine Wort Atemnot. Überwältigend, sag ich dir. Du wirst es ja sehen, wenn du am Samstag kommst. Und deinem Deppen, geht es ihm soweit wieder gut, daß du ihn mitnehmen kannst? Ich mein, daß ihm der Fisch bleibt, ist nur eine minimale Verschlechterung seines Zustands. Das Wort Atemnot im Gegensatz dazu bedeutet ja einen kolossalen Fortschritt für ihn, wenn es von ihm ist – FRAU/STIMME Es ist von ihm! GABI Dann kauf ich dir am Samstag auch ein Bild ab. Der Umsatz erlaubt das. Aber du, mit dem Bilderverkauf in unserem Lokal, meinst, daß das noch so einfach geht? Ich mein, wenn das ganze Lokal Atemnot brüllt, ob da noch jemand auf die Bilder schaut? Die schaun dann alle nur noch auf den Polizisten auf dem Tisch, der fast verreckt. Wenn er nicht Atemnot sagen tät, müßt er wahrscheinlich ersticken. Du, aber das mit dem Holzfisch als Hauptbeilage, das mach ich doch nicht: am End kommt dem Franz wieder seine Fischvergiftung, und wenn dann das Wort Atemnot nicht mehr funktioniert und er sich wieder den Anatom einbildet, dann muß ich mich wieder unter die Leichendecke legen, und dazu hätt ich jetzt bei diesem Geschäft keine Zeit. Ja, also unser Polizist ist eine Goldgrube. Die Leute schaun ihn an und essen alles. So schlecht kann ich gar nicht kochen. Die stopfen meinen Dreck nur so hinunter und schrein dann Atemnot. Am Samstag hab ich eine Überraschung für dich. Ich sag es noch nicht. Hörst du sie plärren? Jetzt geht es wieder los! – Hängt ein. FRAU/STIMME Unheimlich – Atemnot – unheimlich –

Am Samstag

Das Lokal »Zur Atemnot«. Das Lokal ist gesteckt voll. Franz als Ober geht an den Gästen vorbei, die alle Reis, Kartoffeln, Nudeln und Sauerkraut essen und eine Hauptspeiseattrappe in der Hand halten. Sie würgen das Essen hinunter. In Front sitzt der zwergengroße Polizist. FRANZ So, jetzt trinkst noch den doppelten Dornkaat, dann geht es dir bestimmt schlecht. – Zu den Gästen FRANZ Das dauert noch 5 Minuten, dann beginnt die Musik! Haha! Die Kapelle stärkt sich noch! Haha! Und der Sänger trinkt sich noch Mut an! Haha!

Der Kleine schüttet sich den Schnaps hinunter, so daß ihm die Luft wegbleibt.

Des Deppen Frau hält die Gaststättentür auf, und apathisch zieht der Depp einen Leiterwagen mit den Bildern herein.

Aber wie schaut die Frau aus! GABI Ja wie schaust denn du aus! Ja, wenn ich dich nicht kennen würde, ich tät dich nicht erkennen. Wenn ich jetzt nicht bestimmt wüßte, daß du meine Schwester bist, dann tät ich sagen: so eine Schönheit hat unserem Lokal noch nie die Ehre gegeben. Na, ich muß ehrlich sein: wenn du deinen Deppen nicht dabei hättest, ich käme nicht darauf, daß du seine Frau wärst. – Dem Zuschauer ergeht es genauso.

Franz führt den Deppen zum Spielautomaten und wirft Geld ein. FRANZ Das Bier bring ich dir gleich. – Der Depp hält sich die Augen und das Spiel zu.

GABI Jetzt habe ich dich 4 Tage nicht gesehen und du hast dich völlig verändert. Weil dein Scheißfernseher nicht geht. Aber es ist Krieg. – Sie geht mit ihrer Schwester durch das Lokal, und die Münder bleiben offen, egal, was ihnen heraushängt. Die Frau etwas abseits.
Gabi nimmt aus dem Leiterwagen ein Bild und zeigt es.
GABI Und jetzt zu unserer Samstagsgalerie! Ich hoffe auf Ihr besonderes Interesse, nachdem uns der Krieg in der letzten Woche die restliche Landschaft zerstört hat. Ist der Bach nicht hurtig wie der Feierabend am Freitag? Und diese Wiesen, sind sie nicht lieblich wie die Vorfreude am Donnerstag auf das Wochenende? Und in der Mitte sind die Wälder wie der Mittwoch, steil die Gipfel wie der Dienstag – und wer kennt nicht die öde Weite eines Montaghimmels – – aber alle schauen zu der Frau des Deppen hin. GABI Du mußt deine Bilder heute selber vorstellen: alle schauen nur zu dir hin! – Franz geht zu dem Polizisten.
FRANZ Einfach mit dem Bild meine Attraktion zustellen. – Er nimmt das Bild weg, aber weil der Polizist dahinter schläft, stellt er es ganz schnell wieder davor. FRANZ Komm her und verkauf deine Bilder! – Die Frau kommt.
FRAU Sie wissen – warum – die Vorhänge – zugezogen sind. Der Feind hat uns alles genommen. Im Himmel wachsen die Pilze. Die Berge haben die Raketen zerstört. Wo unsere Wälder gewesen sind, bleichen Gerippe. Die Mulden der Wiesen verwesen im Blut. Und die Bäche hat der Feind außer Landes getragen. Wer will das alles noch einmal um 120 Mark? – Sie will das Bild hochheben.
FRANZ Laß doch das Bild da! Dahinter schlaft doch meine Kapelle seinen Rausch aus. Also das Bild kauf ich dir ab. Da hast deine 120 Mark.

Einer schreit: Sie kauf ich dir um 120 Mark ab. Ein anderer: Um 200! Und: 300! Undsoweiter. Vor ihrem Gesicht flattern Geldscheine.
Die Bietenden mit dem Geld in den Händen umringen die Frau des Deppen und schreien, bis die Frau zu singen beginnt: Atemnot Atemnot. Rhythmisch schnaufen die Gäste dazu. – Die Kamera fährt auf das Gesicht der Frau zu.
FRANZ Aufhören! Es wird erst gesungen, wenn die Bilder verkauft sind! 200 Mark zum ersten zweiten dritten. Der kriegts! 300 Mark zum ersten zweiten dritten, der! 400 Mark zum ersten zweiten dritten, da! 500 Mark zum ersten zweiten dritten, so! 600 zum, der! Und 1000 Mark für das letzte Bild von unserer Heimat. Er hat zuerst die Hand gehoben. Gabi, einen Doppelten für unseren Kapellmeister, damit er uns sein schönstes Lied vorspielt. Dieses Lied hat mir das Leben gerettet! Dieses Lied hat in einer Woche die Welt erobert! Nur so kleine Männer machen große Lieder! Applaus! – Es wird geklatscht. Er tut das Bild weg, hebt den Kleinen auf den Tisch und gibt dem Verschlafenen einen doppelten Schnaps. Der will nicht. Gewaltsam schüttet er ihm den Schnaps hinein. Er japst nach Luft und alle japsen mit. Dann: Atemnot.
ALLE Atemnot. Atemnot. Atemnot.
Der Polizist verdreht die Augen, sinkt zusammen. FRANZ Atemnot sollst du wieder sagen! Atemnot! Für was zahl ich dich! – Er hält das ohnmächtige Geschöpf aufrecht.
FRANZ Ich glaub, der kann nicht mehr Atemnot sagen. Der wäre nicht der erste, der an seiner Erfindung erstickt! Er schnauft nicht mehr. Er wird hin sein. Tischdecke! – Er deckt ihn auf dem Tisch mit einer weißen Tischdecke zu.

FRANZ Wenn du kalt bist, sezier ich dich. – Er setzt sich hin und starrt auf das Leichentuch.
GABI Um Gottes willen! Jetzt ist alles wieder wie früher! Und haben wir diese Woche so ein Geschäft gemacht! Hilf mir doch du! FRAU Ich kann dir nur sagen, wie es geschehen ist: wir sitzen vor dem Wasser, und auf einmal lacht der Depp. Ich bin über sein Gelächter so erschrocken, daß ich vor Schrecken geweint habe. Da hat er mit Atemnot angefangen, weil er in Atemnot gewesen ist. Ich hab dann auch das Wort gesagt. GABI Und mit dem Wort ist dann der Polizist zu uns gekommen, und wie das der Franz gehört hat, war er wieder normal. Vielleicht solltest du ihm das nochmals sagen. Vielleicht hilft es ein zweites Mal? FRAU Der Depp hat es gesagt. Wenn, dann muß es ihm der Depp sagen, so wie er es zu mir gesagt hat. – Bomber sind zu hören wie vor einem Fliegerangriff.
Gabi holt vom Spielautomaten den Depp, der sich noch immer die Augen zuhält. GABI Tu doch die Hand von deinen Augen weg! Schau, was siehst du denn da? – Er reißt die Augen auf. DEPP Maßkrug Maßkrug.
Das süß lächelnde Gesicht seiner Frau kommt ihm näher.
Er nimmt ihre Hand und küßt sie. DEPP Maßkrug Maßkrug – Die Detonationen von Bomben sind zu hören.
FRANZ Ja Maßkrug! Maßkrug! Ich scheiß auf deine Atemnot! – Zwei Stühle schlägt er auf der Leiche zusammen. FRANZ Jetzt sauf ich wieder!
FRAU Komm Depp! Gehen wir nach Haus! – Er schüttelt den Kopf. DEPP Maßkrug. FRAU Geh jetzt! – Der Depp schüttelt den Kopf. FRAU Willst du nicht mit mir gehen? – Der Depp nickt. FRAU Also gehen wir nach Haus! – Der

Depp schüttelt den Kopf. FRAU Also du willst nicht mit mir nach Haus gehen?! – Der Depp schüttelt den Kopf. FRAU Willst du mich nicht mehr sehen? – Heftig nickt der Depp. FRAU Aha, zuhause willst du mich nicht mehr sehen. GABI/STIMME Mensch gehts doch untern Tisch. Wenn das Haus zusammenfällt, seid ihr hin! FRAU Und wo willst du mich wieder sehen? – Der Depp nickt. FRAU Wo?! Hier? – Der Depp nickt. FRAU Und wann? – Der Depp nickt. FRAU Wann? Wann? Gleich am Montag? – Der Depp nickt. Das Licht geht aus.

Vor der Wirtschaft. Die Frau zieht den Leiterwagen heraus. Der Depp stößt sie vom Leiterwagen weg. FRAU Ja du ziehst. – Sie will sich hineinsetzen, was er verhindert. Sie will neben ihm gehen, was er verhindert. FRAU Was willst du denn?! DEPP Himmel Himmel – Gabi kommt heraus. GABI Jetzt gehts doch herein, bevor die ganze Welt untergeht! Was, Himmel Himmel sagt er, das ist ja jetzt das dritte Wort nach, nach wieviel Jahren? DEPP Himmel Himmel – Er gibt Handküsse zurück.

FRAU Ich glaub der kennt mich nicht. GABI Ich hätt dich heut auch nicht gekannt. FRAU Aber wenn er mich nicht kennt, dann meint er ja, daß ich eine andere bin. GABI So wird es sein. FRAU So ist es schon. Und er ist doch verliebt?! GABI Es schaut ganz so aus. FRAU Dann ist er mir untreu – o Gott! GABI Er ist doch in dich verliebt. FRAU Wenn er mich nicht kennt, dann ist er nicht in mich verliebt. GABI In wen sonst?! FRAU Ja schon – GABI In dich! Gehen wir hinein, da drüben brennt es. – Es flackert auf ihren Gesichtern.

Am Montag

Im Atelier. Der Depp steht hinter einer Leinwand auf einer

Staffelei und malt. Im Fernseher läuft nichts. Die Frau kommt mit einem leeren Teller.
Auf der Leinwand ist das Porträt von der schönen Frau.
Der Depp beugt sich über den leeren Teller und den Holzfisch darauf. Die Frau sitzt davor. FRAU Wir alle sind nur ein Gast auf Erden. Das sag ich zum Strom. Es gibt keinen Strom mehr. Und wenn du nichts zum Essen hast, dann brauchst du auch kein Licht beim Essen. – Sie bläst die Kerze auf seinem Tisch aus. Wirft wieder einen Blick auf das Bild. FRAU Und wenn der Mensch spinnt, dann gibt er ein Zeichen. Das sage ich zu dir. Und mir bleibt die Luft weg. – Nichts sagend sitzt sie da.
Wieder schön aufgemacht nähert sie sich dem Lokal »Zur Atemnot«. Davor wartet der Depp mit seinem Leiterwagen.
FRAU Hast ein schönes Auto – oder führst du deinen Hund spazieren?
An der Theke steht Gabi und stiert vor sich hin. Monoton staubt Franz die Tische ab. Der Depp und die Frau setzen sich. Niemand grüßt. Hinter dem Deppen Gabi unbewegt.
GABI Kriegts ihr was?
Hinter der Frau staubt Franz die Tische ab. FRANZ Na! Ich krieg nichts.
GABI hinter dem Deppen, der den Blick probiert: Wer redet denn mit dir!
FRANZ hinter der Frau: Die Fischvergiftung redet mit mir.
GABI Geh schneide mir doch den Bauch auf.
FRANZ Erst wenn du hin bist, dann – – hinter ihm drängt ein Mann rein mit einem Lammantel. FRANZ Du Lammmantel kannst dich gleich wieder schleichen. Wir haben

geschlossen. Ich mach nur noch sauber. MANN Ja man hat mich hierher bestellt. Ich bin vom Fernsehn!

GABI hinter dem Deppen: Du bist nicht vom Fernsehen. Weil das Fernsehen ist am Samstag gekommen. Weil es aber am Samstag nicht gekommen ist, kannst du heute nicht vom Fernsehn sein. Heute ist nämlich Montag, mein Herr! DEPP Himmel – Himmel –

FRAU Montag – Montag, mein Schätzchen. – Dahinter der MANN Haben Sie meinen Kameramann gesehen? FRANZ Na. Aber der war am Sonntag auch nicht da. MANN Nun, da bin ich aber froh, dann kommt er vielleicht heute.

FRANZ Der kommt heute nicht! MANN Wieso? FRANZ Weil er am Samstag auch nicht da war! MANN Aha! Aber der Staub war immer da?! FRANZ Na, der Staub war auch nicht immer da. Erst seit sie unsere Wirtschaft bombardiert haben, ist der Staub da!

GABI Aber gewischt hast du früher auch schon immer.

FRANZ Immer nicht! Nur wenn ein Staub dagewesen ist, habe ich gewischt. Aber dir wisch ich jetzt gleich eine! MANN Seien Sie doch nicht so ekelhaft! Der Krieg ist aus! FRANZ Was für ein Krieg? MANN Nun, der Weltkrieg! FRANZ Was für ein Weltkrieg? MANN Nun, der letzte! FRANZ Der letzte war 1945 aus! MANN Es hat auch noch einen anderen gegeben! FRANZ Das war der erste!

Hinter dem Deppen GABI Was wollen Sie denn, Sie Besserwisser?!

MANN Wo haben Sie denn einen Stromanschluß? FRANZ Der Stromanschluß ist genau dort, wo er immer gewesen ist. Wie schaut er denn aus? MANN Was denn? FRANZ Der Stromanschluß. MANN Das weiß ich doch nicht!

FRANZ Wie sollen sie denn dann zusammenpassen?
MANN Wa – wa –
GABI hinter dem Deppen: Das ist der Mann vom Fernsehen. Das ist die Überraschung. Damit er die Bilder von deinem Deppen filmt. Damit sie eine Öffentlichkeit bekommen, einen Geldwert. Damit du mit deinem Deppen auch einmal in den Urlaub fahren kannst. Das wäre meine Überraschung gewesen. – Der Depp schüttelt beunruhigt den Kopf.
FRAU Jaja, das habe ich mir schon gedacht. – Du brauchst keine Angst zu haben, ich kenne die Person nicht, die so ordinär über dich redet, kennst du sie?
Der Depp schüttelt den Kopf. GABI Aber jetzt brauchen wir keine Bilder mehr. FRAU/STIMME Was bist du von Beruf? DEPP Montaghimmel – GABI Ja da schau her, das ist jetzt schon sein viertes Wort. Uns vergeht das Reden schön langsam und er fangt schön langsam damit an!
FRAU Laß ihn doch reden. Er hat lang genug nichts gesagt, seit er seinen Maßkrug hinaufgekriegt hat. No Liebster, kennst du Maßkrug? Ja, er kennt ihn. FRANZ Frag nicht zuviel, sonst kommt etwas auf!
GABI hinter dem Deppen: Was soll schon aufkommen? Da kann nichts anderes aufkommen, als was ein jeder schon weiß.
FRANZ Kümmerts euch lieber um meine Fischsuppen als um den sein leeren Maßkrug. MANN Ja, zum Essen hätt ich gern was, bis meine Leute kommen. FRANZ Die werden sich freuen! MANN Wer? FRANZ Deine Leute, wenn sie sehen, daß du nichts zum Fressen hast. MANN Ich bitte Sie! FRANZ Da hilft das ganze Betteln nicht. Weil, wenn einer eine solche Wampen hat wie du, der hat zu viel ge-

fressen. Und was einer zu viel frißt, das frißt er den anderen weg. Oder möchtest du behaupten, daß dein Bauch vom Hungern geschwollen ist? MANN Das habe ich nie behauptet. FRANZ Also dann gibst du mir recht und also brauchst auch nichts zum Fressen. MANN Soll das heißen, daß ich nichts zu essen bekomme? Da, da hol ich die Polizei! FRANZ Die haben wir da. – Er hebt von besagtem Tisch das Leichentuch, darunter der kleine Polizist liegt. MANN Kamera! Ton! FRANZ Was plärrst denn so! Der ist doch schon längst tot. Seziert ist er auch schon. Hast schon einmal in eine leere Bauchhöhle von einem Polizisten geschaut? Wie ich ihn seziert habe, habe ich mir gedacht, ich werde von meiner Krankheit geheilt. Aber ich werde nur von meiner Krankheit geheilt, wenn ich meine Frau sezier. Aber die ziert sich noch immer so! Dahinten ist meine Frau. MANN Ich bin platt.

GABI hinterm Deppen: Ich glaub, den kannst du auch bald sezieren.

FRAU Das höre ich richtig, was das für ein Hanswurst ist, da brauch ich mich gar nicht umdrehen. Ich möchte schon einmal so eine Sezierung sehn. Leichen liegen ja überall.

GABI Von einer jeden Leiche möchte ich es nicht sehn. Bei dem Polizisten hab ich zugeschaut. Der hat fei ein ganz normales Geschlecht gehabt. Du kannst ja dann bei mir zuschaun. Ich glaub, ich machs nicht mehr lang. Dann hast du eine Schwester gehabt ...

FRAU Sie ist nicht meine Schwester, sie tut nur so. – Dahinter FRANZ Freilich ist sie deine Schwester! Weil wenn sie nicht deine Schwester wär, dann hätt ich dich geheiratet. Aber du warst ja in diesen Depp vernarrt! Dann hab ich halt mit deiner Schwester vorlieb genommen. FRAU Glaub ihm kein Wort. Ich sehe dich zum zweiten Mal. Oder sind wir verheiratet?

Der Depp schüttelt den Kopf. GABI dahinter: Daß der Depp nicht weiß, daß er verheiratet ist, das ist wohl klar. FRAU/STIMME Bist du verheiratet? – Der Depp nickt. FRAU/STIMME Ist deine Frau zu Hause? – Der Depp nickt. GABI Frag ihn doch, ob seine Frau hier ist!

FRAU Ist deine Frau hier? – Er schüttelt den Kopf. – Du mußt dir nichts denken, was die Leute sagen, ich kenne sie nicht. FRANZ Und ich sag dir, daß er genickt hat. FRAU Er hat nicht genickt. FRANZ Also gut, er hat nicht genickt, aber das gebe ich nur zu, weil ich dir gut gesonnen bin. Und wenn die Gabi heut hin ist, dann mußt du meine Frau werden. Ich habe mit der Gabi schon darüber geredet. Mit ihm werde ich schon fertig.

GABI hinter dem Deppen: Wie du schon einmal mit ihm fertig geworden bist! Indem daß du ihm den Maßkrug hinaufgeschlagen hast. DEPP Maßkrug – Maßkrug –

FRANZ hinter der Frau: Jetzt geht das schon wieder los. Tausendmal hab ich gesagt, daß ich ihn zufällig getroffen habe. Rein zufällig! Zufällig! Kruzifix! Ich hau noch alles zsamm! FRAU Nach diesem Krieg muß man sich nicht wundern, daß alle verrückt geworden sind! FRANZ Ich bin nicht verrückt! Weil ich genau weiß, daß ich daneben schlagen wollt. Und auf einmal war sein Kopf darunter.

GABI Genau! Nur mit einem hast du nicht gerechnet: daß sein Kopf so stark ist. Jetzt hast mich nehmen müssen. Denn sie hat ja zu ihrem Deppen gehalten.

FRAU Verstehst du was die reden?

Der Depp schaut ihr nur in die Augen. GABI dahinter: Jetzt

kommt es raus! Davor habt ihr es euch ja nicht zu sagen traut!

FRANZ hinter der Frau: Genauso wie ich jetzt den Stuhl auf den Tisch hinaufhau, genauso habe ich neben seinen Kopf gehaut. Genauso! – Er zerschlägt einen Stuhl.

MANN Kamera! Ton! – Franz schlägt den Mann mit dem Stuhl zusammen.

FRANZ Ah, Scheiße! Jetzt muß ich doch auf dem Deppen seinen Kopf den Maßkrug geschlagen haben. Genauso. Jetzt bin ich erlöst. Das tut ja viel besser als »Atemnot«. Bin ich ein Depp und komm erst jetzt darauf. Aber der größere Depp ist er, weil er es ausgehalten hat. Nein! Der größere Depp bin ich, weil ich Leuten, die ich kenn und die tot sind, den Bauch aufschneiden will. Statt daß ich ihm, wenn er tot ist, den Kopf aufschneide und meinen Maßkrug heraushole. Nein! Der größere Depp ist doch er, weil er den Maßkrug im Kopf drinnen hat ...

Im Urlaub

Verheerter Strand. Franz und der Depp gehen am Strand. Ein Schrei. FRANZ Das ist deine Frau!

Auf einer Klippe bedrängt ein mit einem Säbel Bewaffneter die Frau des Deppen. Sie schreit um Hilfe. Der Bewaffnete macht ihr klar, daß sie entweder ins Meer stürzen könne oder mit ihm schlafen müsse. Sie fuchtelt auf der Klippe. Sie stürzt dem Bewaffneten in die Arme.

Wieder wird die Frau, diesmal in ihrer herrlichen Aufmachung, auf der Klippe bedrängt, diesmal von Franz. Ihr Schrei.

Gabi und der Depp am Strand. GABI Ich glaub, das war deine Frau! – Der Depp verneint. GABI Dann sagen wir halt, daß es deine Geliebte war. – Der Depp rennt weg.

FRANZ Jetzt gehörst du mir. Mir oder dem Tod. Aber was macht der Tod mit deinem schönen Arsch! Immer habe ich dir nur in das Gesicht schauen können! Jetzt sehe ich deinen Arsch, dein wahres Gesicht! – Sie schreit um Hilfe.
FRANZ Jetzt führ dich doch nicht so auf. Ich kann dir auch anders beikommen! Ich brauch bloß den Deppen darüber aufzuklären, wer du bist. Wer du in Wahrheit bist: nämlich seine Frau. Dann ist es gleich wieder aus mit seinem Fortschritt in der Liebe und beim Sprechen.
FRAU Das darfst du nicht tun. Du darfst ihn nicht zweimal zerstören. Er liebt mich, weil er nicht weiß, wer ich bin.
FRANZ Seine Besserung beruht auf einer Täuschung! Also ist es keine Liebe! Es ist und bleibt nur eine Ehe. Wenn er merkt, daß du ihn reingelegt hast, bringt er dich um! – Hinter ihm kommt der Depp mit einer Stange, drohend erhoben.
FRAU Sei still und sag das nicht!
Alle drei sind zu sehen. FRANZ Einmal will ich deinen Arsch in meinen Händen haben. Einmal möchte ich mit deinem wahren Gesicht reden.
FRANZ Ich muß dir doch einmal sagen, was ich dir zu sagen habe – – Da schlägt ihn der Depp zusammen.
Noch auf einen Arm gestützt brüllt Franz wie ein Stier. Der Depp und seine Frau rennen weg.
Sie nehmen unter einer Pinie Platz. FRAU Ich hab nämlich schon zwei Kinder, und wenn mich der jetzt vergewaltigt hätt – ich mag nämlich von einem Wirt keine Kinder. Ich hab nämlich für die zwei Kinder auch keinen Vater. Mädchen sind sie. Die kleine lernt das Tanzen in New York. Die andere besucht eine Clownschule am Genfer See. Hast du eigentlich keine Kinder? – Der Depp schüttelt den Kopf.

FRAU Was, du hast keine Kinder? – Sie erschrickt. FRAU Kannst du dich eigentlich an gar nichts erinnern? Nicht an Italien? Er schüttelt den Kopf. Diese Pinie, kennst du denn die nicht? Er schüttelt den Kopf! Ja, du hast sie gemalt, erinnerst du dich nicht! Er schüttelt den Kopf! Ja, du hast sie freilich als Tanne gemalt. Statt einer weit ausladenden Pinie hast du eine hochragende Tanne gemalt. Es war zum Verzweifeln. Und mich hast du gar nicht gesehen, sonst würdest du mich jetzt kennen. Du schüttelst den Kopf. Schau, wenn ich die Haare so hab, und wenn ich so schau, dann bin ich doch deine Frau! Da rennt er entsetzt weg! Jetzt bin ich für ihn wieder nur das Nagetier. Engel in mir, überwinde das Nagetier! – Die Pinie ist verdorrt.
Gabi sitzt allein am Strand. Der Depp, der mit den Armen seinen Kopf umschlungen hält, fällt über sie. GABI Paß doch auf, du Depp! Ach so, du bist es, der Depp! Setz dich her zu mir und meinem Leid. Da haben wir uns auf etwas eingelassen! Ich habe ja am meisten unterm Franz gelitten, denn ich wollt dich! Nur dich! Und wie du blutüberströmt im Hofbräuhaus gelegen bist, hab ich bestimmt am meisten gelitten. Und ich hab dich auch praktisch ernährt, indem ich, ich Käufer für deine Bilder gefunden und bezahlt habe. Und somit habe ich auch deine Familie ernährt. Da könntest schon einmal deine Hand auf meinen Rücken tun. Und auf und ab fahren. Ganz unten habe ich einen runden Arsch und ganz oben die lange Nackenlinie, die schon so lang auf dich wartet. Komm her! Setz dich her! – Er kommt, aber würgt sie, bis sie sich nicht mehr rührt.
Der Depp sitzt in einem Lokal vor einem Blumenstrauß. Sie scheinen ihm wenig zu gefallen. Von einem anderen leeren Tisch sucht er sich die schönsten aus. Dann bringt der

Ober ein Tablett voller Weinflaschen. Der Depp probiert, bis ihm einer paßt.
Franz und Gabi zwingen die Frau des Deppen, die sich mit Händen und Füßen wehrt, die Tür herein. FRANZ Da, du Depp, diese da, diese ganze Auflösung ist deine Frau. – Sie lassen sie los, und sie ist verlassen. GABI Schau! Das ist deine Frau. Schau! Die Sau!
Mit der eindeutigen Geste des Hinauswurfs verweist der Depp seine Frau des Lokals.
Wie ein armer Hund läuft sie weg.
Der Depp setzt sich an seinen Tisch und weist Gabi und Franz die Plätze zu. FRANZ Ja, wenn ich mich mit meinem Kopfverband zu dir hersitzen darf. Ich hab mich nämlich beim Tauchen verletzt. Es ist nicht schlimm und es tut nicht weh. Da kam ein Stein dahergeschwommen. Von hinten war er auf einmal lautlos da. Er ist an meinem Kopf zersprungen. GABI Und ich habe mit einer Schlingpflanze gerungen. Ich wollte die Wäsche aufhängen, dem Franz sein graues Lieblingshemd. Ich denk mir nichts von hinten. Es kam wie zwei Händ. Mei, und das brennt! Daß das keiner kennt?! – Beide haben dicke Verbände, er um den Kopf, sie um den Hals. DEPP Ich danke euch, daß ihr gekommen seid. Vielen Dang. Wahrten wir auf meine Gelübte und beginnen dann mit dem Mall.
GABI Mahl, aber sonst redest du schön.
FRANZ Sprechen wäre aber besser als reden. Du redest, weil du nicht denkst. Er spricht aber.
Der Depp erhebt sich und ladet mit beiden Händen ein.
DEPP Du Tanne meines Lebens, du Pinie, wachs herein.
Wachs herein in mein Herz, in die Totlosigkeit –
Sie schwebt zum Tisch.

Und setzt sich. GABI Die braucht jetzt gar nicht mehr gehn. FRANZ Das ist Gefühl. Aber schade ist um ihren Arsch, daß sie sich daraufsitzt. GABI Ich sitz ja schließlich auch auf meinem Arsch! FRANZ Das ist normal! GABI Freuen wir uns, daß der Depp so normal ist, wie er es die vielen Jahre seit dem Unfall im Hofbräuhaus nicht gewesen ist. Darauf sollten wir trinken! Prost!

FRANZ Das ist überhaupt nicht normal! Wenn er zum ersten Mal wieder normal ist, dann ist er nicht normal, das kann er gar nicht sein! Dann wärst ja du heute auch zum ersten Mal normal, weil du zum ersten Mal seit dem Unfall im Hofbräuhaus einen Halsverband trägst. Damals ist dir ein Glasscherben in den Hals gesprungen.

GABI In den Hals gesprungen! Den abgerissenen Bierkrughenkel hast du mir in den Hals gedrückt! Aber eins sage ich dir, deinen Kopfverband finde ich auch normal, weil ich endlich nicht dein ganzes Gesicht sehe!

FRANZ Normal ist nur, daß du arbeitest und eine Rente kriegst. Es ist höchstens auch noch normal, daß ich eine höhere Rente krieg wie du.

GABI Normal ist nur, daß wir zwei streiten. Da könnten wir doch gleich zu Hause bleiben. FRANZ Nein! Die Frage ist nicht, soll man für einen Streit zu Hause oder im Urlaub sein. Diese Frage zu stellen, ist normal, wenn man sie sich zu Hause stellt und dann nicht in den Urlaub fährt. Stellt man sich aber diese Frage im Urlaub –

GABI Was dann?

FRANZ Dann kann man auch im Urlaub streiten. Das ist völlig normal und logisch. Das Logische ist das Normalste. Während die Liebe das Problem nicht sieht.

FRAU Das Essen kommt.

DEPP Ich freu mich schon.

FRAU Du bist mein Gast.

DEPP Und du bist mein Gast!

FRAU Schmeckt es dir?

Der Depp kaut an seiner Zunge. DEPP Wunderbar.

FRANZ/STIMME Das wäre ein Leder für Schuh!

Auch die Frau kaut an ihrer Zunge. FRAU Mir hat es selten so geschmeckt. GABI/STIMME Daß sich der Depp damals, wie du ihm den Maßkrug hinaufgehaut hast, nicht die Zunge abgebissen hat, grenzt an ein Wunder.

Grüßend zeigt der Depp seine Zunge. FRANZ/STIMME Daß er seine Zunge noch hat, ist völlig normal, weil er sie ja sonst nicht mehr hätt!

FRAU Und wenn er sie nicht mehr hätt? GABI/STIMME Das wär nach dem Franz seiner Ansicht auch normal! Eben weil er sie nicht mehr hat.

FRANZ Genau. Weil normal ist das, was ist. Mit oder ohne Zunge. – Der Depp und seine Frau kommen sich mit ausgestreckter Zunge über den Tisch näher. Genau vor Franz' Gesicht berühren sich die Zungenspitzen. FRANZ Au! Jetzt habe ich mich in die Zunge gebissen.

Beide küssen sich vor Gabis Gesicht. GABI Das tut weh.

Beide küssen sich vor Franz' Gesicht. FRANZ Und wie!

Am Ende

Im Atelier. Gebeugt sitzt der Depp über seinem leeren Teller, darin der hölzerne Fisch liegt. Vor ihm sitzt seine Frau und ißt krachend einen Apfel. Zwischen beiden eine brennende Kerze. FRAU Die Kerze brauchst du nicht mehr. Es gibt wieder Strom. Du hast dich nur an die Kerze gewöhnt. – Sie bläst die Kerze aus. FRAU Damit ich morgen die Bilder verkaufen kann, mußt du heute die Bäche malen.

Dann bekommst du auch deine Portion. Denn wer nichts arbeitet, der braucht auch nichts zu essen. Verstehst du?! Dann male eben ich die Bäche! Dann brauchst du auch nicht mit in die Wirtschaft, wenn ich die Bilder verkaufe.

Sie geht hinter die 7 Leinwände auf 7 Staffeleien und malt. FRAU Das Geld, ich brauch es doch. Das Bier kannst du dir auf den Hut stecken, und das Automatenspiel. Wen kümmert es, wer diese Bäche malt? Wer hat diese Bäche denn gemalt, wie du im Urlaub warst? Wie war es denn im Urlaub? Stell dich nur recht blöd. Und sage kein Wort. Schnauf nur! Und spiel den Deppen, mit dem alle Mitleid haben müssen. Weil er einen Maßkrug im Kopf tragen muß. Schön wichtig ist dein schwarzer Zylinder. Mit so einer Wichtigkeit kaschierst du deine Not. Aber hinter deiner Wichtigkeit ist nur ein leerer Maßkrug. Red doch was! Ich weiß doch, daß du reden kannst ... Hallo Kinder führt doch eurem Papa eure Nummer vor!

Die jüngere Tochter steppt in der Aufmachung ihrer Mutter, wenn diese die Geliebte spielt, sie steppt um die ältere Tochter, die in der Aufmachung des Deppen einen Maßkrug balanciert. JÜNGERE Papa schau her. ÄLTERE Mama schau. DEPP/STIMME Papperlapapp –

Allein wie gewohnt über seinen leeren Teller gebeugt sagt er enervierend: Pa! Pa! Pa! – Die Frau setzt sich wieder auf den Tisch. FRAU Wie findest du deine beiden Töchter? Papa! Du bist der Vater! Pa-pa! Deine Freundin, habe ich erfahren, hat auch zwei Kinder, von diesen jedoch bist du nicht der Vater, obwohl es zwei Töchter sind. Habe ich dein Geld, das ich mit deiner so primitiven Kunst verdiene, so primitiv, daß es egal ist, wer in dieser Kunst die Flüsse malt, habe ich dieses Geld nicht vielversprechend für die Erlernung solcher Fähigkeiten nicht günstig und gewinnbringend bei deinen Töchtern, unseren Kindern, angelegt?!

An der Tür steht die Geliebte des Deppen. FRAU Entschuldige, wenn ich dich an deinem Arbeitsplatz störe, doch ich spüre, daß, was den Menschen, die dich umgeben, an Dummheit fehlt, sie in vollem Maß an Unverschämtheit haben.

Der Depp hockt hinter seiner Frau – und wohlgemerkt, Frau und Frau in den Gegenschnitten sind dieselbe Frau, eben nur mit verschiedener Aufmachung und verschiedener Gesinnung. FRAU Da, ins Haus kommst! – An seiner Frau vorbei in Richtung Tür geht des Deppen Arm. DEPP Ich hape keyne Luhßt in den Lippen, kehen wir in den Dot. FRAU Mhm, so redest du also. Ein schöner Schmarren –

Die schönere FRAU an der Tür: Ja. Meine Töchter haben eine abgeschlossene Ausbildung und werden auswandern. Ich möchte ihnen kein Anlaß sein, daß sie zurückdenken. Mein Altern soll ihnen keine Sorge bereiten. Auch sehe ich, daß du von deiner Frau nicht weggehen kannst, sie nicht im Elend zurücklassen kannst. Als Witwe bleibt ihr aber ein Anstand.

Der DEPP hinter seiner Frau: Pst! Hoggt hirr Frrau! Keh, sehd dech! FRAU Ich sehe nur eins: ihr habt den Spaß, und ich habe die Arbeit. – Gezwungen weint sie.

Die FRAU an der Tür: Treffen wir uns in unserer Wirtschaft. Zahl du den Champagner und ich besorge das Zyankali. Bis heute abend! – Sie verschwindet. Sie verschwindet wie ein Geist durch die Wand.

Der Depp starrt auf den Fischersatz im leeren Teller. Er

wartet. Seine Frau setzt sich zu ihm. DEPP Kip mirr menn Kehld. FRAU Ich habe kein Geld. Das Geld vom letzten Bilderverkauf habe ich deinen Kindern mit nach Amerika gegeben. DEPP Ahle Jarre frremten Khintern menn Kehlt keppen! FRAU Das ist nicht das Meine, wenn dir deine Kinder fremd sind. Ich habe das Meine getan zur Erziehung unserer Kinder. DEPP Happe Fiesch keßt – FRAU Du hast doch alle Jahre nicht diesen Fisch gegessen, damit ich fremde Kinder ausbilden lassen kann, sondern unsere Kinder, mein Gott! Aber wenn aus den Kindern etwas geworden ist, kann es dir doch egal sein, ob es nun deine Kinder sind oder andere, wofür du das Geld verdient hast. DEPP Aper frieß duh Fiesch einmaal. – Und weil sie nicht will, zwingt er sie dazu. Und weil sie sich wehrt, tut er ihr weh. DEPP Schmehggt schmehggt! Schmehggt? – Aber sie kann sich mit dem Fischkopf im Mund nicht äußern, und der Depp drückt und drückt, bis sie auf ihrem Stuhl erschlafft, erstickt ist. Der Holzfisch ragt aus ihrem Gesicht. Der Depp untersucht die Taschen der Toten. DEPP Khelt menn Khelt! – Er findet das Zyankali.

Vor dem Lokal »Zur Atemnot«. Der Depp geht auf und ab. FRANZ schaut aus der Tür: Wie lange soll ich jetzt noch deinen Tisch reserviert halten? – Hinter ihm Gabi.

GABI Er soll doch seine Freundin anrufen, wenn sie nicht kommt. – Gabi verschwindet.

Der Depp schüttelt vor Franz den Kopf. FRANZ Ich weiß doch, daß sie ein Telefon hat. – Hinter ihm kommt Gabi.

GABI Jetzt komm rein. Ich werde allein nicht mehr mit der Arbeit fertig. FRANZ Mit der Arbeit? Du meinst mit der Zeitung. – Gabi verschwindet. FRANZ Sag mir die Telefonnummer, dann ruf ich an.

Der Depp vor Franz schüttelt den Kopf. Gabi kommt wieder.

GABI Das weißt du doch genau, daß dieses Luder nicht ans Telefon geht, wenn sie nicht gehen will. Jetzt komm herein. – Sie verschwindet.

FRANZ Wie heißt sie denn, dann such ich die Telefonnummer aus dem Telefonbuch. – Der Depp im Vordergrund schüttelt den Kopf. Hinter Franz kommt wieder Gabi.

GABI Meinst jetzt du, der weiß den Namen von irgend jemand. Frag ihn doch, wie du heißt oder wie ich heiß, dann weißt du es gleich. FRANZ Unsere Namen braucht er nicht kennen, weil er uns kennt. Und schließlich hat er selber auch keinen Namen, wozu soll er dann andere kennen. GABI Glaubst, ich könnt mich da so viel ärgern, wenn der immer vor unserem Lokal steht. FRANZ Jetzt sei nicht ungerecht, schließlich haben wir es nach dem Krieg wieder mit unserem Anteil am Verkauf seiner Bilder renoviert. GABI Auf den Mist können wir uns jetzt nicht mehr einlassen, wir haben eine andere Zeit. – Sie geht nach vorne.

Sie geht zum Depp. GABI Was willst denn die ganze Zeit vor unserem Lokal? Dann geh doch herein, wenn wir dir schon einen Tisch reserviert haben. Wer hat denn den eigentlich bestellt? FRANZ Er hat ihn bestellt. GABI Er?! Mit welchen Worten. – Der Depp nickt. FRANZ/STIMME Mit seinen Worten. DEPP Diesch. FRANZ/STIMME Mit seinem Wort. GABI Und was dazu? FRANZ/STIMME Champagner. – Der Depp nickt. GABI Das Wort kann doch der gar nicht sagen. Wir haben doch nur einen Sekt! DEPP Schsch – FRANZ/STIMME Das hätt doch der nicht gemerkt! DEPP Schsch – GABI Frag ihn doch, ob er überhaupt ein Geld hat. FRANZ/STIMME Frag ihn doch du zuerst, was er überhaupt will! GABI Was wolltst denn überhaupt in unserem Lokal?! DEPP Dödendöden – GABI Was?! FRANZ kommt: Dödendöden – töten – die zwei wollten sich töten! GABI In unserem Lokal?! FRANZ Das Gift hat er mir schon gegeben, damit ich es kalt stell. GABI Zeig! – Nimmt es. GABI Zyankali, um Gottes willen! FRANZ Und jetzt zur letzten Frage: hast du überhaupt ein Geld? – Der Depp schüttelt den Kopf. Nimmt sein Gift und geht. GABI Geh doch hin, wo du hergekommen bist! FRANZ Und dein Weibsstück schicken wir dir nach! GABI So einen Zirkus auf unserem Vorplatz machen. FRANZ Ja und drinnen erst! GABI Dann trinken wir jetzt den Champagner. FRANZ Ich mag keinen Sekt.

Der Depp geht ins Hofbräuhaus.

Im Hofbräuhaus wird mit Maßkrügen zugeschlagen.

Der Depp setzt sich unbeirrt an einen Platz. Der Depp bekommt von links eine Maß. Er öffnet das Zyankali und schüttet es hinein. Von rechts wird er angeschnarrt: Du kannst dir doch nicht einfach meine Maß nehmen! Der Depp schüttelt nur den Kopf, während der Nachbar die vergiftete Maß ansetzt …

Anhang

Herbert Achternbusch
Der Depp

Die Schauspieler

Der Depp	Herbert Achternbusch
Frau	Annamirl Bierbichler
Franz	Franz Baumgartner
Gabi	Gabi Geist
Fernsehregisseur	Alois Hitzenbichler
Polizist	Karl Heinz Tittelbach
Kinder	Rut Achternbusch
	Judit Achternbusch
Ober	Dietmar Schneider
Gast	Walter Fitz

Das Team

Maske/Kostüme	Ann Poppel
Ausstattung/Fotografie	Gunter Freyse
Skript	Werner Fritsch
Schnitt	Beate Köster
Ton	Sylvia Tewes
	Heike Pillemann
Licht	Manfred Klein
Kamera	Jörg Schmidt-Reitwein
Kameraassistenz	Heinrich Hauck
	Kornelius Glatzel
Produktionsleitung	Dietmar Schneider
Buch/Regie/Produktion	Herbert Achternbusch

Von Herbert Achternbusch erschienen im Suhrkamp Verlag

Hülle. *Drei Erzählungen.* 1969.
Das Kamel. *Vier Erzählungen.* 1970.
Die Macht des Löwengebrülls. 1970. *edition suhrkamp* 439
Die Alexanderschlacht. 1971. *suhrkamp taschenbuch* 6
L'État c'est moi. *Erzählung.* 1972. edition suhrkamp 551
Der Tag wird kommen. *Roman.* 1973
Die Stunde des Todes. *Roman.* 1975
Land in Sicht. *Roman.* 1977
Der Neger Erwin. *Filmbuch.* 1981. *suhrkamp taschenbuch* 682

Achternbusch Werke. 7 Bände.
Band 1: *1969* (Das Kamel. Die Macht des Löwengebrülls)
Band 2: *Die Alexanderschlacht*
Band 3: *Die Atlantikschwimmer* (Der Tag wird kommen. Herz aus Glas. Die Stunde des Todes. Das Andechser Gefühl. Die Atlantikschwimmer. Land in Sicht. Bierkampf. Servus Bayern. Ella. Der junge Mönch)
Band 4: *Es ist ein leichtes beim Gehen den Boden zu berühren*
Band 5: *Das Haus am Nil*
Band 6: *Die Olympiasiegerin*
Band 7: *Revolten*

suhrkamp taschenbücher

st 809 Darcy Ribeiro
Maíra
Roman
Deutsch von Heidrun Adler
340 Seiten
»Meisterhaft in der Komposition, von bestechendem Können im psychologischen Zugriff auf die einzelnen Charaktere, von geradezu weltliterarischer Souveränität in der allmählichen Entfaltung unaufhebbarer Konflikte, gehört dieser Roman zu den großen Leistungen des amerikanischen Subkontinents.«

Frankfurter Allgemeine Zeitung

st 810
Lateinamerika
Gedichte und Erzählungen 1930–1980
Herausgegeben mit einer Einleitung und Hinweisen zu den Verfassern von José Miguel Oviedo
426 Seiten
Chronologisch werden die großen Dichter und Erzähler Lateinamerikas vorgestellt: mit einem kurzen Stück Prosa oder wenigen Gedichten. Die Auswahl vermittelt einen Begriff von der unerhörten Lebendigkeit und schöpferischen Kraft, die überall auf diesem Kontinent zutage treten. Sie reicht von der Lyrik César Vallejos, Pablo Nerudas und Nicolás Guilléns bis zu den Erzählungen Asturias', Guimarães Rosas und Gabriel García Marquez'.

st 811 Die Neue Welt
Chroniken Lateinamerikas von Kolumbus bis zu den Unabhängigkeitskriegen
Herausgegeben und mit einer Einleitung versehen von Emir Rodríguez Monegal
Mit zeitgenössischen Illustrationen
434 Seiten
Diese Chroniken sind der Beginn eines Dialogs der Kulturen. Die Europäer reagierten auf die ersten Zeugnisse aus Amerika: so entstanden die *Utopia* von Thomas Morus oder der Essay über die *Kannibalen* von Montaigne, der Vorstellungen nachhaltig prägte. Dieser Dialog dauert bis heute an, im Begriff des Eurozentrismus hat er seine moderne Form gefunden.

st 812 Der lange Kampf Lateinamerikas
Texte und Dokumente
von José Martí bis Salvador Allende
Herausgegeben von Angel Rama
424 Seiten
Seit den Unabhängigkeitskriegen existiert die Idee Simón Bolívars von einem einigen und starken Lateinamerika: mit politischer, wirtschaftlicher und kultureller Selbständigkeit. Der Traum ist heute noch ein Wunschbild, Lateinamerika sucht noch immer seine Identität.

st 813 Robert Walser
Der Gehülfe
Roman
292 Seiten
»Die Prosa Robert Walsers ist auf arglose Weise hinterhältig. Gefeit gegen jede schnelle Lektüre, verlangt sie eine unendlich rege Aufmerksamkeit, denn erst im Wieder- und Wiederlesen zeigt sie ihre wahre Gestalt. Was zuerst wie Unvermögen und Verwahrlosung, wenn nicht gar wie Kitsch aussieht, entpuppt sich im Nachhinein als Raffinesse. ... Jedes Klischee gerät ihm zur Demonstration gegen den gefälligen Effekt, seine Komik ist freiwillig.« *Wolf Wondratschek*

st 815 Hans Christoph Buch
Jammerschoner
Sieben Nacherzählungen
162 Seiten
»Hintergründig und scheinbar sadistisch entlarvt der Autor soziale, politische, historische Verhältnisse, er verschränkt spielerisch, doch mit deutlichem Hinweis, verschiedene Epochen, Zeiten, ja Kulturen. Er tut dies mit den Mitteln einer Sprache, die parodistisch zitierend den Figuren ihr eigenes Urteil spricht.«

st 816 Natalia Ginzburg
Ein Mann und eine Frau
Aus dem Italienischen von Arianna Giachi
190 Seiten
»Aus diesen gleichmütigen, fast teilnahmslosen Mitteilungen entsteht unversehens ein unentrinnbares Lebensge-

füge, in das man selbst, lesend, hineingerät, dem man in alle Einzelheiten folgt.« *Süddeutsche Zeitung*

st 817 Igor Strawinsky
Aufsätze, Kritiken, Erinnerungen
Ausgewählt und herausgegeben von Heinrich Lindlar
226 Seiten
Was über Werden und Wirken, über Weg und Werk des russisch-französisch-amerikanischen Komponisten und Kosmopoliten Strawinsky vom Aufbruch unseres Jahrhunderts im Reflex seiner Mitarbeiter, Freunde und Mäzene, aber auch seiner eingeschworenen Gegner aus dem Umfeld der Neuen Wiener Schule Schönbergs – was da an Erinnerungen, an Huldigungen und Attacken von Belang war, findet sich in diesem Auswahlband wie in einem Brennspiegel.

st 818 J. G. Ballard
Kristallwelt
Roman
Aus dem Englischen übersetzt von Margarete Bormann
Phantastische Bibliothek Band 75
178 Seiten
»Am Tage flogen phantastische Vögel durch den erstarrten Wald, und edelsteinbesetzte Krokodile glitzerten wie heraldische Salamander an den Ufern des kristallenen Flusses. Nachts jagte der leuchtende Mann unter den Bäumen dahin, die Arme wie goldene Wagenräder, der Kopf wie eine gespenstische Krone ...«

st 819 Peter Schattschneider
Zeitstopp
Science-fiction-Geschichten
Phantastische Bibliothek Band 76
230 Seiten
»Mit einemmal sah er nur noch Atome und Moleküle, die keinen Bezug zueinander hatten. Nichts veränderte sich. Die Naturgesetze zerfielen, weil es in der Zeitlosigkeit nichts gab, das sie beschreiben konnten, und mit ihnen zerfielen die Objekte. Bäume, Sträucher, das verdorrte Gras, Erde und Gestein, selbst die Sonne und der in der Luft erstarrte Vogel: Alles verlor sich in Bedeutungslosigkeit.«

st 821 Hans Carossa
Der Arzt Gion
Eine Erzählung
256 Seiten
»Die Lauterkeit seiner Gesinnung, die Tiefe seiner so bescheiden auftretenden Problematik, und mehr als alles der Adel seiner Sprache, seines schönen, wie eine Quelle fließenden Deutsch machen dies ernste Buch unausschöpflich, wie alle echte Dichtung es ist.« *Hermann Hesse*

st 822 Marcel Proust
Sodom und Gomorra
Auf der Suche nach der verlorenen Zeit
Vierter Teil
Deutsch von Eva Rechel-Mertens
2 Bände, zus. 724 Seiten
»Von der Erfahrung Prousts in Deutschland verspreche ich mir Entscheidendes, nicht im Sinne der Nachahmung, sondern in dem des Maßstabes. ... Angesichts des desorientierten Zustandes der deutschen Prosa, wenn nicht der Krisis der Sprache überhaupt, ist Rettendes zu hoffen von der Rezeption eines Dichters, der das Exemplarische vereint mit dem Avancierten.«
Theodor W. Adorno

st 823 Sylvia Beach
Shakespeare and Company
Ein Buchladen in Paris
Aus dem Amerikanischen von Lilly v. Sauter
Mit Abbildungen
248 Seiten
»*Shakespeare and Company* ist kein gelehrtes Buch, es ist ein ganz persönlicher Bericht. In Sylvia Beachs Erinnerungen kommen nahezu alle vor, die in den zwanziger Jahren eine Rolle spielten, und Sylvia Beach zählte sie alle zu ihren Bekannten.« *The New Yorker*

st 824 Erik H. Erikson
Lebensgeschichte und historischer Augenblick
Übersetzt von Thomas Lindquist
296 Seiten
Die Frage, um die es Erikson in diesem Buch geht, lautet: Psychoanalyse – Anpassung oder Freiheit? Erikson plä-

diert für eine Form von Adaption, die den Patienten befähigt, die Realität so zu sehen, wie sie ist, was nicht bedeutet, sie in ihrer Faktizität einfach hinzunehmen. Eriksons »goldene Regel« für seine eigene Praxis ist ein Begriff von Anpassung, der auf Gegenseitigkeit und Anerkennung basiert.

st 825 Volker Erbes
Die blauen Hunde
Erzählung
190 Seiten
Die blauen Hunde erzählt die Geschichte einer Krankheit. Scheinbar unangekündigt trifft sie eine junge Frau. Die Vorgeschichte zeigt, daß die Formen ihres Wahns nicht zufällig sind oder abstrus, sondern bis in die absonderlichen Details biographisch bestimmt. Auch der Erzähler, der ehemalige Freund dieser Frau, wird von dem Wahn, der der Wahn einer Epoche ist, erfaßt. Indem er ihre Geschichte erzählt, entdeckt er betroffen die Rolle, die er darin spielt.

st 826 Phantasma
Polnische Geschichten aus dieser und jener Welt
Herausgegeben und übersetzt von Klaus Staemmler
Phantastische Bibliothek Band 77
282 Seiten
Zwanzig Erzählungen von neunzehn Autoren stellt dieser Band vor, utopische und phantastische Geschichten, heitere und ernste, amüsante und besinnliche; Spekulationen über die Zukunft stehen neben satirischen Seitenhieben auf die wenig vollkommene Gegenwart. Und es gibt auch gar schauerliche, diabolische und unheimliche Geschichten.

st 828 Hermann Lenz
Die Begegnung
Roman
204 Seiten
»Ein wundersames und wunderbares Buch ... ein Roman, der ganz unwichtig tut und doch voll Weisheit ist; der beiläufig erzählt wirkt und doch Existentiellem auf den Grund geht; der in geschichtlicher Zeit spielt und uns die eigene Zeit und unsere eigene Zerrissenheit besser wahrnehmen läßt.« *Deutsche Zeitung*

st 829 Pablo Neruda
Liebesbriefe an Albertina Rosa
Zusammengestellt, eingeführt und mit Anmerkungen versehen
von Sergio Fernández Larraín
Aus dem Spanischen von Curt Meyer-Clason
Mit Abbildungen
338 Seiten
Wer die Memoiren Nerudas gelesen hat, kennt seine Erzählhaltung. Das Schreiben sei für ihn wie das Schuhemachen – und so urpersönlich, sympathisch warm und menschlich ist auch der Ton dieser Briefe. Sie befassen sich mit Zuneigung und alltäglichen Sorgen, mit Hoffnungen und Enttäuschungen.

st 831 Helm Stierlin
Delegation und Familie
Beiträge zum Heidelberger familiendynamischen Konzept
258 Seiten
»Die Beiträge des Bandes verarbeiten eine Fülle von Fallbeispielen und therapeutischen Erfahrungsdaten vor dem Hintergrund der psychoanalytischen Grundannahmen zu einem komplexen System von Hilfestellung für die unterschiedlichsten familiären Konstellationen. Lesenswert für jeden, der an Einsicht in ein komplexes Gefüge von Zusammenhängen interessiert ist.«
Wissenschaftlicher Literaturanzeiger

st 833 J. G. Ballard
Die Tausend Träume von Stellavista
und andere Vermilion-Sands-Stories
Aus dem Englischen von Alfred Scholz
Phantastische Bibliothek Band 79
204 Seiten
Vermilion Sands, ein Wüstenkurort zur Erfüllung der ausgefallensten Träume der gelangweilten Reichen, jetzt Künstlerkolonie für Maler, Literaten, bildende Künstler und Musiker, ist in einem langsamen, aber unaufhaltsamen Verfall begriffen. Dichter drücken lediglich auf die Knöpfe ihrer Computer, die automatisch für sie dichten; tönende Skulpturen wachsen aus dem Boden, und empfindsame Pflanzen reagieren auf die Töne der Musik.

Alphabetisches Gesamtverzeichnis der suhrkamp taschenbücher